図解
よくわかる

自治体予算
のしくみ
〈改訂版〉

定野 司 [著]

JN021696

学陽書房

改訂にあたって

　自治体の仕事は今も昔も予算が中心です。ヒトもカネもモノも予算がなければ動かすことができないからです。最近では、行政評価制度の定着によって、予算を使って何がどう良くなったのかが見えるようになり、その評価の結果を次の予算に反映することが容易になりました。この本は、そんな自治体にとって重要な予算のしくみを自治体職員、地方議員、住民のみなさんに広く知っていただくために書きました。

　今改訂では、予算のしくみを言葉でなくわかりやすく図解、さらに最新の数字を入れ大小が実感できるようグラフを多用し変化がつかめるようにしました。

　さて、景気回復の動きの鈍い現在の状況下で、多くの自治体が予算編成に苦慮しています。それは税収が減少する一方で、少子高齢化、雇用対策の拡大など行政需要は拡大し、公共事業の凍結、中止による「つじつま合わせ」も限界に近づいているからです。そして、多くの自治体が赤字地方債（臨時財政対策債）の発行に踏み切らざるを得ないのが実情です。

　この状況を打開する唯一の方法が従来の「税収見合いで仕事をする」という発想からの脱却であり、「自治体に必要な仕事がどれとどれで、それを誰がどう負担するのかを決める」ことへの発想の転換です。予算は住民、議会、首長等、関係者の力（既得権益）のバランスの上に成り立っています。発想の転換を図るには、全ての関係者が予算とその使い方（コスト）を意識する必要があります。

　自治体職員のみなさんは、この関係者のコスト意識の変化にどう応え、どのように負担を求めていくのかを考えなくてはなりません。そし

て、自治体の仕事をゼロベースで見直す冷静さと、（少ない予算で）関係者を満足させる能力が求められています。景気低迷、税収減の今こそ、みなさんのアイデア、能力が評価されるときです。

　首長、地方議員のみなさんは、四年に一回の選挙で住民の審判を受けます。そして、首長は予算の編成、提案権を、議員のみなさんは予算の議決権を持っています。しかし、選挙に勝つために住民が喜びそうなところに予算を配分する時代は終わりました。良識ある住民は責任ある自治体経営を望んでいます。今、必要なのは後年度にツケを回すことではなく、将来にわたって持続可能な「予算」を住民とともに作り上げることなのです。

　住民のみなさんには、まず予算を知ることから始めて欲しいと思います。なぜなら、破綻した自治体の例を見ても明らかなように、自治体経営のツケは間違いなく住民のみなさんに回るからです。首長にも議員にも任期があります。しかし、住民のみなさんに任期はありません。簡単に引っ越すわけにもいきません。だからこそ、住民のみなさんの厳しい目で監視していく必要があり、そのためにはみなさんの納める税金の使い道を定めた予算を知ることが必須です。

　予算は広報などにより公表が義務付けられていますが、決してわかりやすいとは言えません。予算がより身近なものになれば、住民による監視能力が高まり、自治体破綻に怯えることはなくなります。

　最後に、全ての読者に「予算」を通じて、持続可能な自治体の経営とはどうあるべきかを自問してほしいと思います。そのために本書を活用していただければ幸いです。

　2022年3月

　　　　　　　　　　　　　　　　　　　　　　定野　　司

図解 よくわかる**自治体予算**のしくみ〈改訂版〉

1章 ゼロ・マイナス成長下での予算

1 赤字になりそうだったらどうする？（決算調整）………………… 10
2 ジャンプ方式（一時借入金を悪用する）………………………… 12
3 繰り上げ充用（翌年度の収入から補てんする）………………… 14
4 量出制入と量入制出（財政の基本原則）………………………… 16
5 好況期と不況期の予算編成（量入出制がもたらすもの）……… 18
6 ふるさと納税……………………………………………………… 20
トピックス 政治主導と官僚主導 〜ハーベイ・ロードの前提〜 … 22

2章 変貌する自治体の予算編成の基本

1 予算が重視されるわけ…………………………………………… 24
2 企業と自治体の予算の違い……………………………………… 26
3 予算主義から成果主義へ………………………………………… 28
4 これまでの予算編成の限界と課題……………………………… 30
トピックス パーキンソンの法則………………………………… 32

3章 図でわかる自治体予算書

1 予算は7つの事項からできている……………………………… 34
2 予算書の最初のページを読む…………………………………… 36
3 歳入歳出予算……………………………………………………… 38
4 継続費……………………………………………………………… 40
5 繰越明許費………………………………………………………… 42
6 債務負担行為……………………………………………………… 44
7 地方債……………………………………………………………… 46
8 一時借入金………………………………………………………… 48
9 歳出予算の各項の経費の金額の流用…………………………… 50
10 予算に関する説明書……………………………………………… 52
トピックス 自転車置場の議論…………………………………… 54

4章　予算の原則と例外

　1　総計予算主義の原則……………………………………………… 56
　2　単一予算主義の原則……………………………………………… 58
　3　予算統一の原則…………………………………………………… 60
　4　予算事前議決の原則……………………………………………… 62
　5　会計年度独立の原則……………………………………………… 64
　6　予算単年度主義の原則…………………………………………… 66
　7　予算公開の原則…………………………………………………… 68
　トピックス　アンガーマネジメント……………………………… 70

5章　自治体の活動を機能させる予算の種類

　1　一般会計と特別会計……………………………………………… 72
　2　特別会計と公営企業会計………………………………………… 74
　3　普通会計…………………………………………………………… 76
　4　当初予算と補正予算……………………………………………… 78
　5　暫定予算と本予算………………………………………………… 80
　6　骨格予算と肉づけ予算…………………………………………… 82
　トピックス　格差社会　～ジニ係数　Gini coefficient ～ …… 84

6章　予算のできるまで ～1年の流れを見る～

　1　予算編成の流れ…………………………………………………… 86
　2　予算編成方針……………………………………………………… 88
　3　予算見積もりと要求……………………………………………… 90
　4　予算査定…………………………………………………………… 92
　5　予算内示と復活要求、予算の公表……………………………… 94
　6　議会による審議…………………………………………………… 96
　7　予算の再議と成立………………………………………………… 98
　8　予算の執行管理…………………………………………………… 100
　9　決算………………………………………………………………… 102
　10　歳入歳出決算書…………………………………………………… 104
　11　実質収支に関する調書…………………………………………… 106
　トピックス　目標による管理
　　　　　　（Management by objectives and self-control）…… 108

7章　自立と自律をめざす自治体予算の意義と役割

1　自治体財政の規模……………………………………………… 110
2　国による財政調整……………………………………………… 112
3　自治体財政の機能……………………………………………… 114
4　自治体の果たす役割…………………………………………… 116
5　地方財政計画…………………………………………………… 118
6　地方財政の財源不足…………………………………………… 120
7　自治体財政の状況……………………………………………… 122
8　健全化判断比率………………………………………………… 124
9　健全化判断比率の対象会計…………………………………… 126
10　新公会計制度の導入………………………………………… 128
11　内部統制制度の導入………………………………………… 130
トピックス　宝くじ……………………………………………… 132

8章　急激な人口減少と少子高齢化で下振れする歳入

1　歳入の内訳……………………………………………………… 134
2　歳入の動向……………………………………………………… 136
3　地方税…………………………………………………………… 138
4　地方譲与税・交通安全対策特別交付金……………………… 140
5　地方特例交付金・特別交付金………………………………… 142
6　地方交付税……………………………………………………… 144
7　国庫支出金・都道府県支出金………………………………… 146
8　地方債…………………………………………………………… 148
9　税交付金………………………………………………………… 150
10　分担金・負担金……………………………………………… 152
11　使用料・手数料……………………………………………… 154
12　その他の歳入………………………………………………… 156
トピックス　ＯＯＤＡループ…………………………………… 158

9章　安定的な行政サービスの提供と肥大化する歳出

1　款項目の区分…………………………………………………… 160
2　歳出の内訳（目的別）………………………………………… 162
3　節の区分………………………………………………………… 164

　4　歳出の動向（目的別）・・・ 166
　5　歳出の内訳（性質別）・・・ 168
　6　歳出の動向（性質別）・・・ 170
　7　人件費・・ 172
　8　扶助費・・ 174
　9　公債費・・ 176
　10　普通建設事業費・・・ 178
　11　物件費・・・ 180
　12　維持補修費・・ 182
　13　補助費等・・ 184
　14　その他の歳出・・・ 186
　トピックス　ムーンショット・・・・・・・・・・・・・・・・・・・・・・・・・・・・・・・・・・・・・・・ 188

10章　新しい予算編成の試み
　1　新しい予算編成方式・・ 190
　2　ゼロベース予算・・ 192
　3　サンセット方式・・ 194
　4　シーリング方式・・ 196
　5　予算の枠配分・・ 198
　6　メリットシステム・・・ 200
　7　マトリックス予算・・・ 202
　8　市民参加型予算・・・ 204
　9　業績予算・・ 206
　10　複数年度予算・・・ 208
　トピックス　包括予算制度・・・ 210

11章　日本初の足立区の包括予算制度
　1　包括予算制度とは・・ 212
　2　包括予算制度における財源配分・・・・・・・・・・・・・・・・・・・・・・・・・・・・・・・・・ 214
　3　包括予算制度の成果事例(1)・・・・・・・・・・・・・・・・・・・・・・・・・・・・・・・・・・・・・ 216
　4　包括予算制度の成果事例(2)・・・・・・・・・・・・・・・・・・・・・・・・・・・・・・・・・・・・・ 218
　5　包括予算制度の次のステップ・・・・・・・・・・・・・・・・・・・・・・・・・・・・・・・・・・・ 220
　トピックス　ホウレンソウのおひたし・・・・・・・・・・・・・・・・・・・・・・・・・・・・ 222

凡例

自治法２条Ⅸ① … 自治法第２条第９項第１号

法令名略称
　　地方自治法　⇒　自治法
　　地方自治法施行令　⇒　自治令
　　地方公共団体の財政の健全化に関する法律　⇒　財政健全化法
　　公職選挙法　⇒　公選法
　　地方公営企業法　⇒　地公企法
　　地方財政法　⇒　地財法
　　地方教育行政の組織及び運営に関する法律　⇒　地教行法

章

ゼロ・マイナス成長下での予算

1-1 赤字になりそうだったら どうする？（決算調整）

自治法96条Ⅰ、149条

●形式収支と実質収支の違い

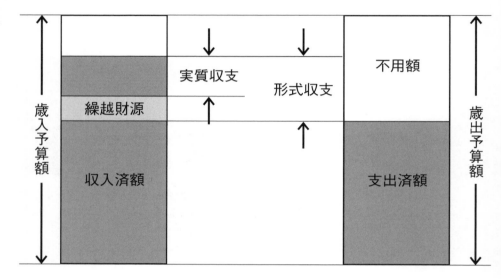

◆歳入予算額＝歳出予算額
　「歳入＜歳出」は、歳出予算を削るか、それができなければ特別会計や基金からの繰り入れなどを行って、つじつまを合わせます。
　「歳入＞歳出」は、特別会計や基金に繰り出しを行って、つじつまを合わせます。
◆形式収支＝収入済額－支出済額
◆実質収支＝形式収支－繰越財源

これまでも、これからも自治体財政で重要なのは「赤字」にしないことです。そのためには、予算編成時から「決算」を見込む必要があります。

形式収支も、実質収支も赤字にしないためのテクニックがあります。

しかし、テクニックを講じ、つじつまを合わせて黒字にすることと、財政の健全化は全く次元の異なる話です。

歳出予算は、これを超過して支出することはできないので、赤字の原因は歳入不足です。しかし、今さら（年度末になって）臨時収入など見込めるはずがありません。

黒字にするためにやること

◆繰入金、起債額を増やす。
（特別会計などで歳出予算への計上が必要となる場合があります。起債も予算の定めがなくてはできません）

◆積立金、繰出金を歳出予算の範囲内で減らす。
（黒字額を減らすため、歳出予算への計上が必要となる場合があります）

知っておきたいこと

◆歳入予算は、あくまで見積額であり、これを超過して収入することができます。

◆歳出予算は、これを超過して支出することはできないので、予算計上しておかないと決算調整することができません。

◆起債（地方債の発行）は、予算の7つの項目のうちのひとつです。

赤字決算のペナルティ
（財政健全化法による）

●**実質赤字比率**
実質赤字比率は、一般会計等を対象とした実質赤字の標準財政規模に対する割合。
（早期健全化基準：財政規模に応じ 11.25％～15％、財政再生基準 20％）

●**連結実質赤字比率**
連結実質赤字比率は、全会計(一般会計等、公営事業会計)を対象とした実質赤字（又は資金の不足額）の標準財政規模に対する割合。
（早期健全化基準：財政規模に応じ 16.25％～20％、財政再生基準 30％）

●**財政健全化法**（2008 年～）
早期健全化段階や財政再生段階になった場合には、財政健全化計画や財政再生計画を策定し、国の指導下に入って財政の健全化を図ることになります。

ジャンプ方式
（一時借入金を悪用する）

●自治体財政破綻のからくり

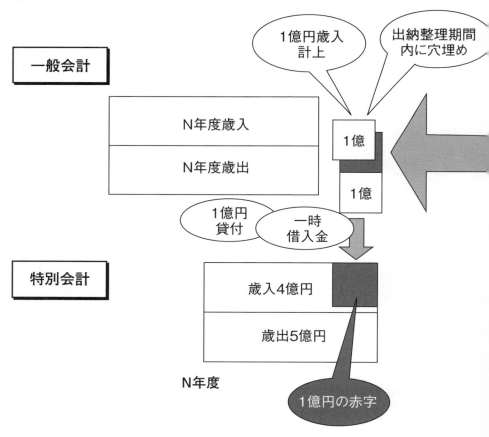

図は、財政健全化法制定のきっかけになった自治体財政破綻のからくりを模式化したものです。予算としては、特別会計1億円の穴埋めを出納整理期間を利用して翌年度の歳出予算から補てんし、現金としては一時借入金（予算の7項目のうちのひとつ）で補てんします。会計年度をまたぐことから、「ジャンプ方式」と呼び、翌年度にこの状態を解消するはずでした。しかし、赤字体質を脱することができず、この方式で毎年、1億円を借り続けると、予算規模と一時借入金が増えていくことがわかります。

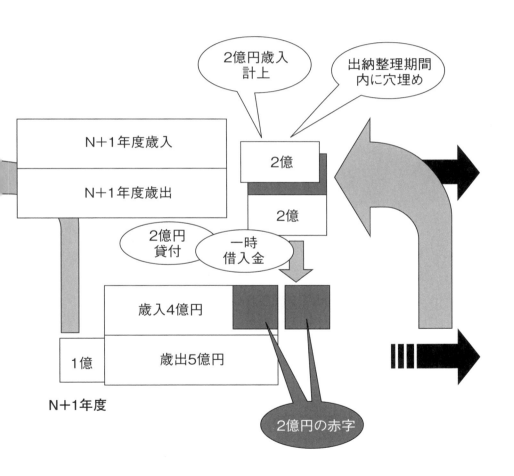

1-3 繰り上げ充用（翌年度の収入から補てんする）

自治令 166 条の 2

●繰り上げ充用の流れ

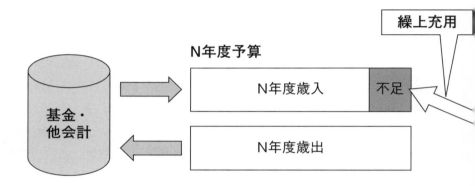

繰上充用

N年度予算

| N年度歳入 | 不足 |

基金・他会計

N年度歳出

◆繰上充用は基金や他会計との出し入れをしても、なお赤字が生じる時の最終手段です
◆出納整理期間中に充用額を精査します
◆出納閉鎖までに収入しなければなりません

ポイント　繰上充用とは、地方公共団体の会計決算において、会計年度経過後にいたって歳入が歳出に不足することとなった場合に、翌年度の歳入を繰り上げて不足分に充てることをいいます。この場合、そのために必要な額を翌年度の歳入歳出予算に編入しなければならないこととされています。

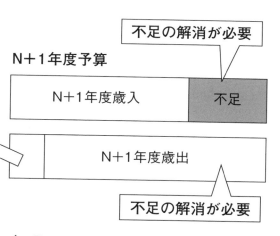

N+1年度予算

不足の解消が必要

| N+1年度歳入 | 不足 |

| N+1年度歳出 | |

不足の解消が必要

◆5月31日までに執行（支出）しなければなりません
◆補正予算が必要です
◆補正予算を組むために財源が必要です
◆前年度の不足分を解消しなければなりません
◆今年度も不足する可能性があります

●繰上充用の手続き
会計年度が経過した後、すなわち、翌年度の４月１日から出納閉鎖期である５月31日までの間に行います（行政実例）。
N年度に赤字が生じた場合、赤字が生じる恐れがある場合には、５月31日までにN＋１年度予算（補正予算）を編成し、執行しなければN年度の赤字を埋めること（収入すること）ができません。
このため、５月31日までに議会の議決を得る必要があります。

●専決処分
出納整理期間中に赤字額（充用額）を精査する必要があるため、議会を開く暇がないという理由で補正予算を専決処分する例があります。例えば、財政調整基金を財源にして繰上充用するので、当初予算（歳出予算）に影響がない場合も多くありますが、それなら、前年度の補正予算で繕うことができたはずです。
慎重な対応と説明が求められます。こうした手続きや説明を省こうとした手法のひとつが、前項で紹介したジャンプ方式です。

量出制入と量入制出
（財政の基本原則）

地財法2条、3条

●量入制出とは?

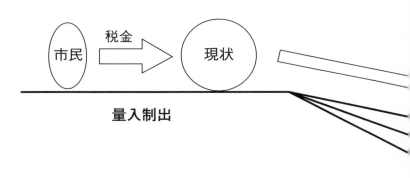

市民 → 税金 → 現状

量入制出

●量出制入とは?

目標

◆量出（必要な経費を計算したうえで）
　→制入（必要な収入を確保する）
◆行財政に関する住民の関心度が高い
　例：分譲マンションの管理（管理組合）

財政の基本は「量出制入」です。税金は目標に足る必要な分だけ集められるべきです。しかし、実際には「量入制出」になっていて、集めた税金を使う（分配する）ことが目標になっているのです。これは、国も自治体も同じです。

◆量入（入ってくる収入を見込んだうえで）
　→制出（何に使うか考える）
◆行財政に関する住民の関心度が低くても成立
　例：普通のお小遣い生活者

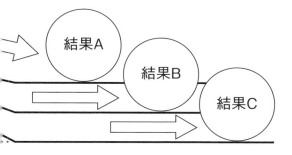

結果A　結果B　結果C

歳出制入

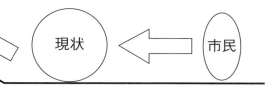

現状　←　市民

●行財政運営の基本方針
地財法２条１項　地方公共団体は、その健全な運営に努め、いやしくも国の政策に反し、又は国の財政若しくは他の地方公共団体の財政に影響を及ぼすような施策を行ってはならない。
地財法２条２項　国は、地方財政の自主的な且つ健全な運営を助長することに努め、いやしくもその自律性をそこない、又は地方公共団体に負担を転嫁するような施策を行ってはならない。

●予算編成の基本原則
地財法３条１項　地方公共団体は、法令の定めるところに従い、且つ、合理的な基準によりその経費を算定し、これを予算に計上しなければならない。
地財法３条２項　地方公共団体は、あらゆる資料に基づいて正確にその財源を捕そくし、…これを予算に計上しなければならない。

好況期と不況期の予算編成 (量入出制がもたらすもの)

地財法2条、3条

●好況期の予算編成

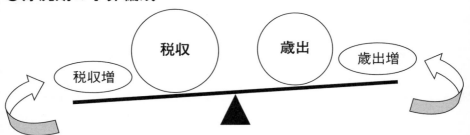

●不況期の予算編成

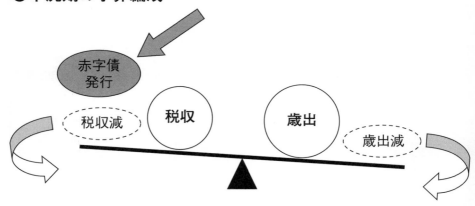

不況期のあと必ず好況期がやってきた時代から、低成長時代、成長ゼロ時代、そしてマイナス成長時代へと変遷しています。さらに、一人当たりの生産性を向上させない限り、人口減少とともに税収減になるのは避けられません。

◆好況期（自然増収）
　量入制出の制出が機能しない
　→歳出予算の膨張

◆不況期（減収）
　量入制出の制出でしのぐ
　→歳出予算の削減
◆禁断の手法
　→赤字債の発行（後年度負担の増加）

●行財政運営の基本方針
地財法２条１項　地方公共団体は、その健全な運営に努め、いやしくも国の政策に反し、又は国の財政若しくは他の地方公共団体の財政に影響を及ぼすような施策を行ってはならない。
地財法２条２項　国は、地方財政の自主的な且つ健全な運営を助長することに努め、いやしくもその自律性をそこない、又は地方公共団体に負担を転嫁するような施策を行ってはならない。

●予算編成の基本原則
地財法３条１項　地方公共団体は、法令の定めるところに従い、且つ、合理的な基準によりその経費を算定し、これを予算に計上しなければならない。
地財法３条２項　地方公共団体は、あらゆる資料に基づいて正確にその財源を捕そくし、これを予算に計上しなければならない。

ふるさと納税

●ふるさと納税の控除額

←控除外→←————————————————————————————————————控除額————→

2,000円	所得税の控除額 （ふるさと納税額－2,000円） ×所得税率	住民税の控除額 （基本分） （ふるさと納税額－2,000円） ×住民税率（10%）

◆ふるさと納税の例

　例えば、年収700万円の給与所得者の人で扶養家族が配偶者のみの場合、30,000円のふるさと納税を行うと、2,000円を超える部分である28,000円（30,000円－2,000円）が所得税と住民税から控除されます。

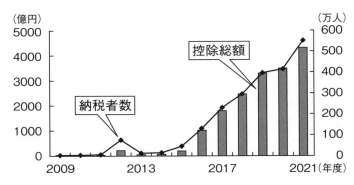

◆ふるさと納税による東京23区の減収額が424億円（2019年度）に達しました。これは区民税の23区平均額（約437億円）に匹敵する規模です。一方、この年の寄附受入最高額は〇〇市の136億円でした。返礼品による見返りを受けた住民のみが恩恵を受け、減収による行政サービスの低下を招く懸念のあること、ふるさと納税による減収分を地方交付税で補てんするため、結果的に地方交付税の財源を圧迫する要因になるなど、制度のひずみについての指摘もあります。

ポイント

　都道府県・市町村に対して納税（寄附）すると、（寄附）額のうち、2,000円を超える部分について、一定の限度まで、原則として所得税・個人住民税から全額が控除されるしくみです。

　返礼品に地元産品を使うことで地場産業活性化の一助となる一方、寄附金獲得のための過度な返礼品競争で一部の自治体が制度の適用外とされたり、多額の税収減となる自治体が出ているなどの問題が生じています。

●ふるさと納税制度の趣旨
税制を通じて、生まれ育ったふるさとに貢献できる制度、自分の意思で応援したい自治体を選ぶことができる制度として創設（2008 年 5 月〜）されました。最近では、大きな災害に遭った被災地への寄附も増加しています。

●泉佐野市ふるさと納税訴訟
2020 年 6 月、過度な返礼品を提供していたことを理由に本制度から除外された泉佐野市が国を訴えていた訴訟で、最高裁は国の措置は違法だとして除外の取り消しを命じました。

●返礼品の基準（2019年6月〜）
①寄附金の募集を適正に実施する自治体
②返礼品の返礼割合を 3 割以下とすること
③返礼品を地場産品とすること

●ワンストップ特例制度
確定申告の不要な給与所得者等がふるさと納税を行う場合、納税先の自治体（5団体以内）に申請書を提出すると確定申告を行わなくても寄附金控除を受けられるしくみです。

住民税の控除額
（特例分）

住民税所得割額の2割を限度

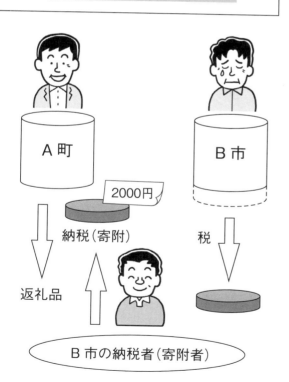

A 町　　　B 市

2000円

納税（寄附）　　税

返礼品

B 市の納税者（寄附者）

政治主導と官僚主導
～ハーベイ・ロードの前提～

　フィスカル・ポリシー（裁量的経済政策）によれば、税収の減少している不況期には、国債を発行するなどして公共投資や減税を行って需要を喚起し、好況期には増税や公共支出の削減をして、不況期に発行した国債を償還します。ケインズはこのような政策が政治的圧力を受けない少数の優秀な官僚によって実行できるものと考えていました。この仮定はケインズの住まいのあった英国ケンブリッジ駅近くの地名にちなんで「ハーベイ・ロードの前提」と呼ばれています。

　しかし、実際の政策が政治家（選挙という人気投票でその地位を獲得する）によって曲げられることは日常茶飯事です。このことについて、米国の経済学者ブキャナンは「ハーベイ・ロードの前提」は成立しない、特に国債の発行による公共支出の拡大は「財政錯覚」を生むと批判したのです。

　現在、国、地方を合わせた借金は1200兆円にのぼり、返済のために借金を重ねる事態はまさに最悪。赤字国債の大量発行が行政改革や歳出削減への意欲を喪失させた罪は大きいと言わざるを得ません。それなのに、誰も痛みを感じないのが「財政錯覚」と言われる所以なのです。窮余の一策としてひねり出された介護保険制度も、四十歳以上の全員に税より負担感の少ない保険料を課すという「財政錯覚」を利用したものです。

　しかし、錯覚はあくまで錯覚であって、最終的にそのツケは国民が払うことになることを忘れてはいけません。

　にもかかわらず、政府や自治体の財政改革は、財政赤字の縮小、プライマリバランスの黒字化、公債依存からの脱却、どれも結果、目標を掲げたにすぎず、財政赤字がどうして膨らんだかという議論になると、高齢化の進展、景気低迷のせいだと、まるで他人事です。本気で財政の構造改革を進めるなら、まず、国民を「財政錯覚」から目覚めさせ、他人事を自分事にするところから始めるべきではないでしょうか。

2章

変貌する自治体の予算編成の基本

2-1 予算が重視されるわけ

〔関係条文等〕自治法 96 条Ⅰ、149 条

●予算ができるまでの全体像

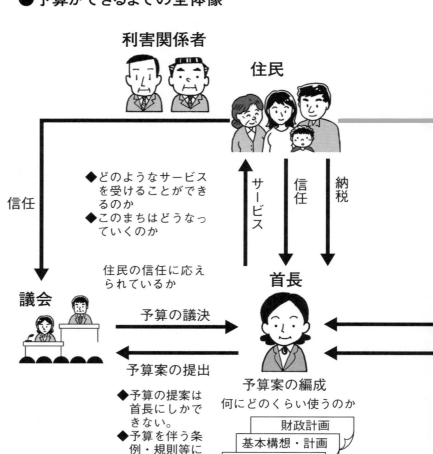

利害関係者

住民

信任

◆どのようなサービスを受けることができるのか
◆このまちはどうなっていくのか

サービス

信任

納税

住民の信任に応えられているか

議会

予算の議決

首長

予算案の提出

予算案の編成

何にどのくらい使うのか

◆予算の提案は首長にしかできない。
◆予算を伴う条例・規則等についての制限

財政計画

基本構想・計画

ローカルマニフェスト

予算とは自治体の収入と支出の見積もりであり、行政サービスの質と量、方向性を示す重要な計画です。そのため、予算は議会の議決をもって成立し、住民に公開することが義務付けられています。予算の編成権は首長に専属しますが、予算は首長のマニフェストや基本構想をはじめとする既存の計画など、様々な制約を受け、多くの利害関係者との調整の上に成り立っています。

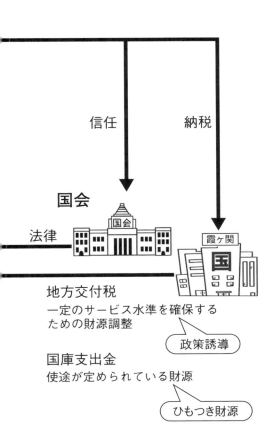

信任　　　　納税

国会

法律

地方交付税
一定のサービス水準を確保する
ための財源調整

政策誘導

国庫支出金
使途が定められている財源

ひもつき財源

●ローカルマニフェスト
（公選法 142 条）
国政選挙（2003 年）で導入されたマニフェスト（政権公約）の地方版。具体的な施策、実施時期、数値目標を明示する点で従来の選挙公約と異なり、当選後は必要な予算措置が求められます。2007 年の統一地方選挙では、多くの候補者がローカルマニフェストを発表しました。2013 年にはインターネットを利用した選挙運動が解禁され、さらに多くの有権者の目にとまるようになりました。

●基本構想
多くの市区町村は、その地域における総合的かつ計画的な行政運営を図るため、基本構想を定め、その下位計画として、基本計画、実施計画を持ち、さらに、これらと連動した財政計画を持っています。

●条例・規則等の制限
（自治法 222 条）
あらたに予算を伴うことになる条例、規則の制定、改正については、予算上の措置を講じない限り、これを行うことはできません。

2-2 企業と自治体の予算の違い

●官の「予算主義」と民の「成果主義」の違い

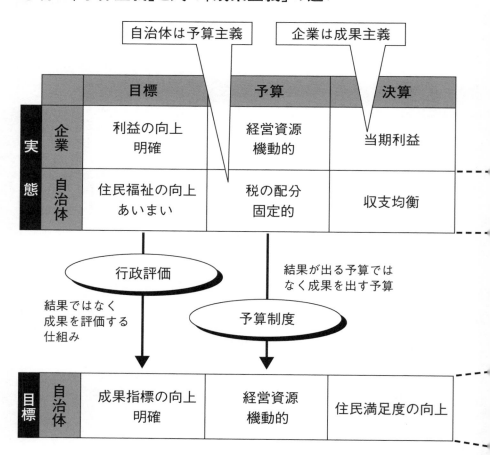

自治体は予算主義

企業は成果主義

実態		目標	予算	決算
	企業	利益の向上 明確	経営資源 機動的	当期利益
	自治体	住民福祉の向上 あいまい	税の配分 固定的	収支均衡

行政評価

結果ではなく
成果を評価する
仕組み

結果が出る予算では
なく成果を出す予算

予算制度

目標		成果指標の向上 明確	経営資源 機動的	住民満足度の向上
	自治体			

自治体の予算は住民に負担（税）を課し、これを配分するための重要な計画です。議決を通じ住民に約し予算を執行する（使う）ことが行政の目的となることから、これを「予算主義」と呼びます。

一方、企業にとって予算は利益を上げるための経費に過ぎません。利益を上げるという成果が目的であることから、これを「成果主義」と呼びます。

◆明確な成果目標がなく
◆既得権益の塊になっており
◆予算の固定化が進んでいる

予算主義

せっせ　せっせ…

◆効果的な施策選択と
◆行政コストの削減により
◆住民満足度を向上させる

成果主義

●経営資源

経営資源とはヒト、モノ、カネ、情報のことです。このうち情報を除く三つの有形資源の調達には予算が必要です。

これに対し、無形資源である情報の中にはブランド、信用、イメージのようにお金で買えないものもあります。これは企業も自治体も同じです。

●機動的な予算

企業の予算は売上げによって増減します。

例えば小売店で売上げが予想以上に増えたときは、商品を仕入れる追加の資金や商品を売る店員を増やす経費が必要になります。逆に売上げが落ちたときは、仕入れを控え、店員の数を減らさねばなりません。

このように企業の予算が機動的なのに対し、自治体の予算は、議会の議決を通じ住民に一定の支出を約すという性格を有していることから、極めて固定的といえます。

予算主義から成果主義へ

●予算のマネジメントサイクル

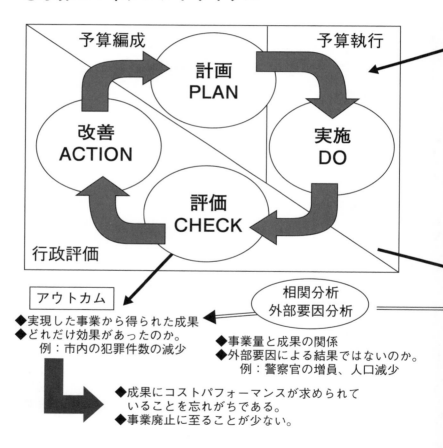

予算編成　　　　　　　　　　　予算執行

計画
PLAN

改善
ACTION

実施
DO

評価
CHECK

行政評価

アウトカム

◆実現した事業から得られた成果
◆どれだけ効果があったのか。
　　例：市内の犯罪件数の減少

相関分析
外部要因分析

◆事業量と成果の関係
◆外部要因による結果ではないのか。
　　例：警察官の増員、人口減少

◆成果にコストパフォーマンスが求められて
　いることを忘れがちである。
◆事業廃止に至ることが少ない。

「予算主義」の大きな問題は、予算を編成するときには熱心に議論しますが、いったん決まってしまうと、予算を使い切ることが目的となってしまい、その効果、成果が適切に評価、検証されないことです。

行政評価は自治体の「予算主義」を「成果主義」に近づける制度です。

インプット

◆投入した予算（ヒト、モノ、カネ）
◆どれだけ使うのか。
　　例：夜間パトロール隊の人件費
　　　　パトロールカーの維持費

コスト分析

◆効率的・効果的に使っているか。
　　例：警備委託や警察OBの採用
　　　　夜間使っていない車の利用

アウトプット

◆実現した事業量
◆どれだけ生み出したのか。
　　例：夜間パトロールの実施日数

●行政評価

民間企業等の経営に活用されているマネジメントサイクルPDCAを行政経営でも活用しようとするもの。

PDCAとはPlan（計画）、Do（実行）、Check（検証）、Action（改善）の頭文字で、これを繰り返す継続的な活動のこと。民間企業では年間予算を立て（Plan）、ある一定期間事業活動を行い（Do）、予定どおりの成果（利益）が得られたか分析し（Check）、成果が得られていなければ、その原因を改善し（Action）、次の事業活動に反映します。民間企業ではこうしたサイクルを一ヶ月、四半期ごとに繰り返します。

●アウトカム

事業活動の目的は事業活動の量（アウトプット）を増やすことではなく、事業活動による効果（アウトカム）の水準を高めることにあります。

このため行政評価制度では、政策ごと、事業ごとに、その目標となる「成果指標」を設定します。

これまでの予算編成の限界と課題

●かみ合わない財政部門と事業部門

財政部門

◆財政は厳しい（マイナス・シーリング）
◆目的が「切り込む」ことになる
◆財政部門がすべての事業に精通しているわけではない
◆行政評価で切り込めるほど制度が成熟していない
◆切りやすいところから切る
◆「切る」能力が評価される
◆政策、施策が当たらない

住民の不満増大

事業部門

◆判断が財政部門の査定に委ねられる
◆目的は「与えられた予算を使うこと」
◆危機感やコスト意識の欠落
◆努力しても評価されるのは財政部門
◆創意工夫、努力を惜しむようになる
◆行政評価が崩壊する

予算（財政）への関心低下

ポイント　予算は他の経営資源（ヒト、モノ、情報）と結びついて初めて成果を生み出すことができます。しかし、これまでのような財政部門による中央集権的な査定方式では事業部門にあるこうした資源を活かすことができません。そればかりか、事業部門の財政部門への依存度が強まり、財政部門の能力が自治体全体の能力を決定するような事態になれば、組織全体が疲弊してしまうのです。

シーリング

要求

不満増大

枠

査定

●シーリング

財政部門が事業部門の予算要求にあたって示す上限枠。財政が豊かな時代、歳出増の抑制のために設けられたものですが、財政の厳しい昨今では、ゼロ・シーリング（前年同額）、マイナス・シーリングとなることも少なくありません。

●新しい予算編成の試み
（第10章参照）

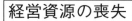

組織の疲弊化

経営資源の喪失

成果が見えなくなる

政策の大きなシフトチェンジができなくなる

パーキンソンの法則

「役人の数は、その仕事量や重要性にかかわらず肥大化する」

新任研修でたびたび取り上げられるこの法則は、英国の評論家パーキンソンが役人の無駄な仕事や会議、そして役人の多さを皮肉ったものです。

総務省の調査によれば人口千人当たりの公務員の数は国家、地方あわせて仏国90人、米国64人、英国68人、独国60人、日本37人、わが国は先進国中最少です。しかし、どこまでの範囲を公務員と呼ぶかは様々で、物件費に隠れてしまう人件費もあります。身近な例を挙げれば、民間に委託している市営スポーツセンターで働く従業員の給料は、市が物件費として支払う委託料に含まれます。また、2020年度から会計年度任用職員と呼ばれるようになった非常勤職員も公務員の数に入っていません。

当然のことですが、公務員の数あわせでは「小さな政府」は実現できません。スポーツセンターを民間委託したり、会計年度任用職員を増やして公務員を減らせば済むという問題ではなく、民間でも供給可能なスポーツセンターというサービスを市で提供する必要があるのか、人口減少に対応し2つあるスポーツセンターをひとつにしてはどうか、政府、自治体の抱えている仕事の質や量こそ問題にすべきなのです。

しかし、実際はこうした見直しはなかなか進んでいません。スポーツセンターは利益至上主義の民間企業にはなじまない、値上げされたり休止される恐れがある、廃止の見返りに補助制度をつくるべきだ、廃止後の利用方法が未定だ、失業者が出る、利用者や議会から存続の要望が出ている、2つをひとつにしたら不便になり、混雑して予約できなくなる……。「できない理由」を山ほど見つけてくるのも役人の特技だからです。

ところで、パーキンソンの法則に第二法則があるのをご存知でしょうか？「金は入っただけ出る」です。役人はその年の歳入のすべてを予算化し、無駄な仕事をしてでも余すことなく使い切ろうとします。ですから、この浪費を断つには歳入を削減するしかありません。さしもの役人も無いものまでは使えないからです。

3章

図でわかる
自治体予算書

予算は7つの事項からできている

〔関係条文等〕自治法215条、地公企令17条

●自治法に示された予算の7つの事項

① **歳入歳出予算**　自治法216条
　一会計年度における一切の収支の見積もりです。歳入予算は歳出予算の財源の裏づけとなるものですから、双方は同額でなくてはなりません。歳入予算は収入の見積もりに過ぎませんが、歳出予算はその範囲内で支出する権限を議会が首長に与えるものです。

② **継続費**　自治法212条
　大規模な工事などで二年度以上にわたって支出をする必要がある場合、あらかじめその経費の総額と年割額（各年度ごとの支出限度額）を事業ごとに定めておくことができます。総額での契約が可能となりますが、債務負担行為で同様の機能を果たせることから、実際にはほとんど利用されていません。

③ **繰越明許費**　自治法213条
　事情により年度内に支出が終わらない見込みのある事業について、あらかじめ翌年度に繰り越して使う支出限度額を定めておくことができます。必要な財源もあわせて繰り越します。

④ **債務負担行為**　自治法214条
　翌年度以降の支出を伴う行為（債務負担行為）を行うため、あらかじめ債務負担の限度額を事項ごとに期間を限定して定めておく制度です。将来の歳入歳出予算に計上する義務が生ずることから、慎重な運用が必要です。

一般の予算は７つの事項から成り立っています。ただし、「継続費」のようにあまり利用されていないものもあります。一方、公営企業会計の予算には12の事項を記載することになっています。

⑤　地方債　自治法230条

　自治体は地方債を発行することができますが、あらかじめ起債の目的、限度額、起債の方法、利率、償還方法を定めておかねばなりません。地方債は歳入の不足を補うものですから、歳入予算にも計上することになります。

⑥　一時借入金　自治法235条の３

　年度内の歳出の一時的な資金不足を補うための借入金です。一時借入金は歳出歳入予算の過不足ではないので、これを歳入予算に計上することはなく、予算でその借り入れの最高額だけを定めます。一時借入金はその年度の歳入をもって償還しなければなりません。

⑦　歳出予算の各項の経費の金額の流用　自治法220条Ⅱ

　歳出予算の区分のうち款と項は議決科目といって、相互の流用はできません。ただし、あらかじめ予算で定める事項に関しては、例外として同一款内の項の間の流用が認められています。

・・・・・・・・・・・・・・・・・・・・・・・・・・・・・・・・・・・・

公営企業会計

　地方公営企業法17条により自治体の経営する水道、交通、病院事業などの地方公営企業の経理は、一般会計と分離し、特別会計を設けて行うものとされています。これを公営企業会計といいます。

（第５章の２参照）

予算書の最初のページを読む

〔関係条文等〕自治令 147 条Ⅱ、自治則 14 条

●予算書の冒頭に示される項目一覧

議案第ＸＸ号

令和X年度ＸＸ市一般会計予算

令和X年度ＸＸ市の一般会計の予算は、次に定めるところによる。
（歳入歳出予算）
第１条　歳入歳出予算の総額は歳入歳出それぞれXX,XXX,XXX千円と定める。
2　歳入歳出予算の款項の区分及び当該区分ごとの金額は、「第１表　歳入歳出予算」による。
（継続費）
第２条　地方自治法第212条第１項の規定による継続費の経費の総額及び年割額は、「第２表　継続費」による。
（繰越明許費）
第３条　地方自治法第213条第１項の規定により翌年度に繰り越して使用することができる経費は、「第３表　繰越明許費」による。
（債務負担行為）
第４条　地方自治法第214条の規定により債務を負担する行為をすることができる事項、期間及び限度額は、「第４表　債務負担行為」による。
（地方債）
第５条　地方自治法第230条第１項の規定により起こすことができる地方債の起債の目的、限度額、起債の方法、利率及び償還の方法は、「第５表　地方債」による。
（一時借入金）
第６条　地方自治法第235条の３第２項の規定による一時借入金の借入れの最高額は、XX,XXX,XXX千円と定める。
（歳出予算の流用）
第７条　地方自治法第220条第２項ただし書の規定により歳出予算の各項の経費の金額を流用することができる場合は、次のとおりとする。
　（1）各項に計上した給料、職員手当及び共済費（賃金に係る共済費を除く。）に係る予算額に過不足を生じた場合における同一款内でのこれらの経費の各項の間の流用
　　令和X年ＸＸ月ＸＸ日　提出

ＸＸ市長　ＸＸＸＸ

「予算総則」ともいう予算書の冒頭には、予算の7つの事項のうち必要な事項が条文形式で規定されています。ただし「一時借入金の限度額」「歳出予算の各項の経費の金額の流用」以外の事項については具体的な内容を「別表」とするのが一般的です。

予算書は各会計ごとに作る

歳入歳出予算

継続費

繰越明許費

債務負担行為

地方債

一時借入金

歳出予算の流用

必ずしも7つなくとも1つでもかまいません。

第1表～第5表が付属する

●**予算書様式の基準**
（自治令147条Ⅱ、自治則14条）
予算は住民のものですから予算書もわかりやすくなくてはなりません。自治体によって大きく異なっていたり、毎年度変わったりすることがないよう、予算の様式は、政令で基準が定められています。予算の別表となる5つの表についても同様です。

●**一般会計と特別会計**
予算書は各会計ごとに作成します。（**第5章の1参照**）

●**特別会計の予算様式**
一般会計に準じて調整しますが、国民健康保険、介護保険、農業共済事業等については特例があります。

●**公営企業会計の予算様式**
地方公営企業法による規定が適用されます。

歳入歳出予算

〔関係条文等〕自治法 208 条、210 条、216 条

●第 1 表　歳入歳出予算

1　歳入　　　　　　　　　　　　　　　　　　　　単位：千円

款	項	金額
1 市税		XX,XXX,XXX,XXX,XXX
	1 市民税	
	2 固定資産税	
	3 軽自動車税	
	・・・・・・	
	・・・・・・	
2 地方譲与税		
	1 地方揮発油譲与税	
	2 自動車重量譲与税	
	3 地方道路譲与税	
	・・・・・・	
	・・・・・・	
3 ・・・・		
	・・・・・・	
・・・・・・		
	・・・・・・	
歳入合計		XX,XXX,XXX,XXX,XXX

2　歳出　　　　　　　　　　　　　　　　　　　　単位：千円

款	項	金額
1 議会費		XX,XXX,XXX,XXX,XXX
	1 議会費	
2 総務費		
	1 総務管理費	
	2 徴税費	
	3 戸籍住民基本台帳費	
	・・・・・・	
	・・・・・・	

歳入歳出予算は一会計年度内の一切の収入支出の見積もり、計画です。歳入予算がその見積もり額を超えて収入することができるのに対し、歳出予算は見積もり額を超えて支出することができません。
　また、歳入と歳出は原則として同額でなくてはなりません。

歳入予算は性質別に分類

◆予算を超えて収入することができます。
◆歳入＝歳出なので歳入が歳出の上限を決めることになります。

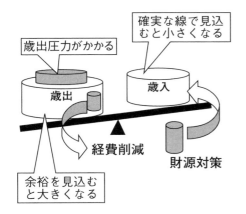

歳出予算は目的別に分類

◆予算を超えて支出することはできません。
◆不足が生じた場合は補正予算を編成します。
◆補正後の予算も歳入＝歳出ですから、歳入を増やす、歳出で他の経費を減ずる、いずれかの手段を講ずることになります。

●**歳入歳出予算の分類**
（自治法 216 条）
歳入歳出予算は一番大きな区分を款（かん）とし、款の中を項（こう）に、さらに目（もく）、節（せつ）に細分類します。款と項は議決科目といって議決の対象となります。目と節は執行科目といい、議決の対象でないため、予算書ではなく予算に付属する「予算に関する説明書」に記載します。
（第3章の10参照）

●**会計年度**（自治法 208 条）
自治体の会計年度は毎年4月1日に始まり、翌年3月31日に終わります。
また、各会計年度における歳出は、その年度の歳入をもって、これに充てなければなりません。これを「会計年度独立の原則」といいます。
（第4章の5参照）

●**補正予算**（第5章の4参照）

●**歳入歳出予算事項別明細書**
（第3章の10参照）

3-4 継続費

〔関係条文等〕自治法212条、自治令145条等

●第2表　継続費

款	項	事業名	総額
8 土木費	4 公園費	（仮称）XX公園整備事業	2,500,000

◆事業期間の終わるまで逓次繰越が可能

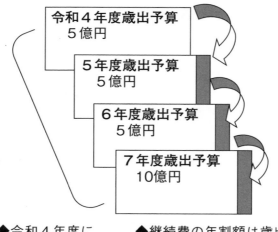

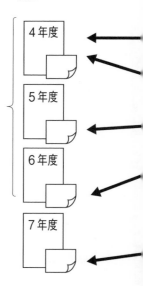

◆令和4年度に
総額25億円の
契約が可能

◆継続費の年割額は歳出
予算に計上することにな
るので、その財源を確実
に確保しておく必要があり
ます。

大規模な工事などで二年度以上にわたって支出をする必要がある場合、あらかじめその経費の総額と年割額（各年度ごとの支出限度額）を事業ごとに定めておくことができます。これを継続費といいます。総額での契約が可能となりますが、債務負担行為（第3章の6）で同様の機能を果たせることから、実際にはほとんど利用されていません。

単位：千円

年度	年割額
令和4年度	500,000
令和5年度	500,000
令和6年度	500,000
令和7年度	1,000,000

継続費に関する調書

予算に付属する「予算に関する説明書」の事項のひとつ（自治令144条I②）。

継続費繰越計算書

翌年度の5月31日までに調整のうえ議会に報告します（自治令145条I）。

毎年つくらなければならない

継続費精算報告書

事業期間終了後調整し、決算に合わせて議会に報告します（自治令145条II）。

●継続費の逓次繰越（ていじくりこし）（自治令145条I）

「逓次」とは次々と、順次という意。歳出予算を不用額とせず翌年度以降、事業期間の終わるまで繰り越して使えるメリットはありますが、毎年、調書をつくる煩雑さ等から、同じく複数年契約を可能にする債務負担行為（第3章の6）が使われています。

●不用額

歳出予算と実際に支出した額の差額のこと。「不用」という言葉の印象から、その多寡を問題にした時代もありましたが、現在ではむしろ「使い切り予算」の悪習が批判され、事業執行の合理化、効率化の過程で生まれた不用額は、次年度以降に活用できる貴重な財源として捉えられるようになりました。

●継続費に関する調書
（第3章の10参照）

3-5 繰越明許費

〔関係条文等〕自治法 213 条、220 条Ⅲ、自治令 146 条等

●第３表　繰越明許費

款	項	事業名
２ 総務費	１ 総務管理費	庁舎管理システム更新工事
８ 土木費	２ 道路橋梁費	XX交差点改良事業

●繰越明許費のパターン

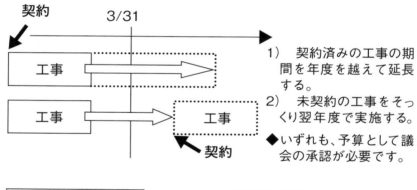

1) 契約済みの工事の期間を年度を越えて延長する。
2) 未契約の工事をそっくり翌年度で実施する。

◆いずれも、予算として議会の承認が必要です。

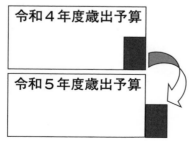

繰越計算書

◆翌年度の5月31日までに調整のうえ議会に報告します（自治令146条Ⅱ）。
◆必要な財源を繰り越します（自治令146条Ⅰ）。

事情により年度内に支出が終わらない見込みのある事業について、あらかじめ翌年度に繰り越して使う支出限度額を定めておくことができます。これを繰越明許費（くりこしめいきょひ）といいます。

　年度途中の事情変更によるものですから、通常は補正予算で提案されます。必要な財源も合わせて繰り越すことになります。

単位：千円

金額
XXX,XXX
XXX,XXX

●事故繰越のパターン

◆年度内に支出負担行為が済んでいること

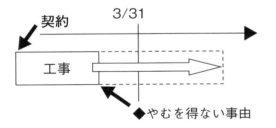

◆予算の定めがなくても繰り越せます。

◆繰越しには繰越明許費の規定が準用されます（自治令150条Ⅲ）。

　繰越計算書

●**事故繰越**

（自治法 220 条Ⅲただし書）

繰越明許費は歳出予算を翌年度に繰り越すことができる、予算上の唯一の方法です。

これに対し事故繰越は年度内に支出負担行為をし、やむを得ない事由によって、年度内に支出ができなかったものについて、これを繰り越す予算執行上の措置です。

●**支出負担行為**

（自治法 232 条の 3 ）

支出の原因となる契約、補助金の交付決定、損害賠償金の支出決定、給与その他の給付の決定、会計間の繰入れの決定行為などをいいます。

債務負担行為

〔関係条文等〕自治法214条、234条の3等

●第4表　債務負担行為（令和4年度の例）

債務負担行為は普通、次年度以降行なう債務負担を定めるもので当該年度は除かれます。

令和4度の歳出予算と合わせて8年度までの契約が4年度に可能です。

事項	期間
市道25号線用地取得事業	令和5年度から令和8年度まで
市道B117号線用地取得事業	令和5年度から令和8年度まで
市道13号線用地取得事業	令和5年度から令和8年度まで
大型高速プリンタ賃借	令和5年度から令和9年度まで
土地区画整理事業の試行に伴う移転資金融資あっせん及び利子補給	令和4年度から令和24年度まで
XX市土地開発公社に対する債務保証	令和4年度から令和14年度まで
XX市土地開発公社からの用地取得費	令和4年度から令和14年度まで
学力向上に関する調査委託費	令和4年度から令和5年度まで

長期継続契約は債務負担行為の例外で、歳出予算の範囲内で供給を受けます。

通称「ゼロ債務」といい、当該年度には歳出予算が計上されていない（支出ゼロの）債務負担行為です。

◆電気、ガス、水の供給
◆電気通信役務の提供
◆不動産賃貸借契約
◆その他（政令の範囲内で条例で定める）

翌年度以降の支出を伴う行為（債務負担行為）を行うため、あらかじめ債務負担の限度額を事項ごとに期間を限定して定めておく制度です。将来の歳出予算に計上する義務が生ずることから、慎重な運用が必要です。年度内に債務負担を行わなければ、効力は消滅します。

 継続費では年割額の当該年度分を歳出予算に計上しなくてはなりません。

単位：千円

	限度額
	XXX,XXX,XXX,XXX
	XXX,XXX,XXX,XXX
	XXX,XXX,XXX,XXX
	XXX,XXX,XXX,XXX
XX市が協定金融機関に補給する利子相当額	
XX市土地開発公社が協調融資団から借り入れる事業資金XX億円及び利子相当額	
XX市がXX市土地開発公社から取得する用地費	
	XXX,XXX,XXX,XXX

損失補償や債務保証など金額の確定の無いものでも債務負担行為とすることができます。

⇕

継続費には経費の総額、年割額の定めが必要です。

●債務を負担するには
（自治法 214 条）
自治体が債務を負担する（お金を必要とする契約をする）には予算が必要ですが、具体的には次の金額が限度です。
　①歳出予算の金額
　②継続費の総額
　③繰越明許費の金額
　④債務負担行為の限度額

●長期継続契約
（自治法 234 条の 3）
上記の債務負担行為の例外。
契約中に「予算の範囲内において」「予算の定めるところにより」などの文言を入れ、歳出予算の有無を契約の解除（変更）条件とします。長期継続契約を締結することができる契約は、法に定めるほか、政令の範囲で条例で定めることができます（自治令 167 条の 17）。
車や複写機、電子機器、OA 機器等の賃借、施設の維持管理、清掃など単年度の契約では安定した業務の履行に支障が生じるおそれがある契約について適用されますが、契約金額や契約年数の上限を設ける自治体もあります。

●債務負担行為に関する調書
　（第 3 章の 10 参照）

〔関係条文等〕自治法 230 条等

●第5表　地方債

起債の目的	限度額	起債の方法
XX川橋梁整備事業	XXX,XXX	普通貸借又は証券発行
旧私立病院東棟改修事業	XX,XXX	〃
新空港整備負担事業	XX,XXX	〃

●地方債の考え方（積立金と比較）

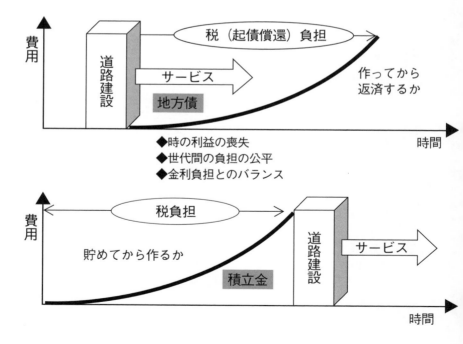

◆時の利益の喪失
◆世代間の負担の公平
◆金利負担とのバランス

自治体は地方債を発行することができますが、あらかじめ起債の目的、限度額、起債の方法、利率、償還方法を予算で定めておかねばなりません。

地方債は歳入の不足を補うものですから、歳入予算にも計上します。

単位：千円

利率	償還の方法
5.0％以内（ただし、利率見直し方式で借り入れる政府資金及び地方公共団体金融機構資金について、利率の見直しを行った後においては、当該見直し後の利率）	起債のときから据置期間を含め30年以内に償還する。財政の都合により繰上償還をなし、又は低利債に借換えすることができる。

起債の対象となる経費（適債事業）

五条債（地財法5条に規定する事業）
◆水道、交通事業のような地方公営企業に要する経費
◆出資金及び貸付金
◆地方債の借換のために要する経費
◆災害応急、災害復旧、災害救助事業費
◆公共施設建設事業費、土地購入費

特例による起債（赤字債）

◆退職手当債
◆減税補てん債
◆臨時財政対策債

・・・など

●地方財政法（地財法）5条
自治体の歳出は地方債以外の歳入を財源としなくてはなりません。その例外が五条債です。

●赤字債
主に財源不足に対応するため、特例的に発行する地方債です。道路や公共施設の建設などサービスの対価を将来の住民に求める五条債と違い、赤字債は将来の税負担だけを強いることになります。
赤字債の発行は慎重にすべきです。

●起債の事前協議
（第8章の8参照）

●地方債の現在高
（第9章の9参照）

●地方債に関する調書
（第3章の10参照）

一時借入金

〔関係条文等〕自治法 235 条の 3 等

●形式収支を黒字にするための方法

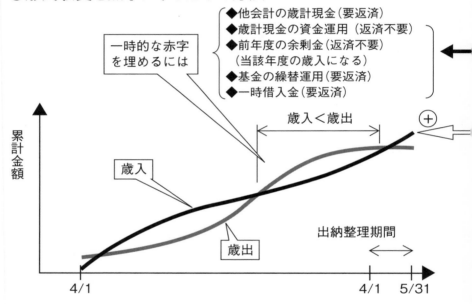

◆他会計の歳計現金（要返済）
◆歳計現金の資金運用（返済不要）
◆前年度の余剰金（返済不要）
（当該年度の歳入になる）
◆基金の繰替運用（要返済）
◆一時借入金（要返済）

一時的な赤字
を埋めるには

累計金額

歳入＜歳出

歳入

歳出

出納整理期間

4/1　4/1　5/31

●形式収支が赤字になるとき

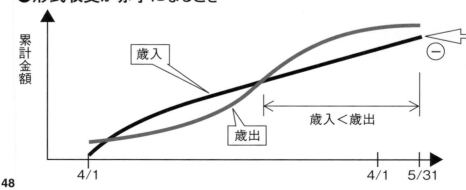

累計金額

歳入

歳出

歳入＜歳出

4/1　4/1　5/31

ポイント　年度内の歳出の一時的な資金不足を補うための借入金です。一時借入金は歳出歳入予算の過不足ではないので、これを歳入予算に計上することはなく、予算でその借入れの最高額だけを定めます。一時借入金はその年度の歳入をもって償還しなければなりません。

（　調達コストで選択する　）

形式収支黒字

◆返済できる。
◆出納閉鎖までに同一会計年度の歳入で返済します。

形式収支赤字

◆返済できない。
◆出納閉鎖まで補正予算を組み、翌年度の歳入を当該年度の歳入に繰り入れます。
　これを繰上充用といいます。
　（自治令166条の2）

●**歳計現金の資金運用**
（自治法235条の4 Ⅰ）
歳入歳出に属する現金（歳計現金）は、最も確実かつ有利な方法により保管しなければならず、複数の銀行に定期性預金で保管することが多い。

●**決算剰余金の処分**
（自治法233条の2）
決算剰余金を生じたときは、翌年度の歳入に編入しなければなりません。ただし、条例又は議決により、剰余金の全部又は一部を翌年度に繰り越さず、基金に編入することができます。

●**基金の繰替運用**
歳計現金が不足したとき、一時的に基金の現金を使用することができます。日数に応じた利息を基金に支払います。

●**出納整理期間**
会計年度終了後から出納閉鎖までの4/1～5/31のこと。この間に当該年度に属する現金の収支を整理します。発生主義会計を採用している地方公営企業にはない制度です。

歳出予算の各項の経費の金額の流用

〔関係条文等〕自治法 220 条Ⅱ等

●項の経費の流用の例

議決科目		執行科目		金額
款	項	目		
2 民生費	1 社会福祉費	1 社会福祉総務費		XXX,XXX千円
		2 社会福祉建設費		XXX,XXX千円
	2 児童福祉費	1 児童福祉総務費	○	XXX,XXX千円
		2 児童措置費		XXX,XXX千円
		3 母子福祉費		XXX,XXX千円
		4 児童福祉施設費		XXX,XXX千円
	3 生活保護費	1 生活保護総務費		XXX,XXX千円
		2 扶助費		XXX,XXX千円
		3 生活保護施設費	◎	XXX,XXX千円
	4 災害救助費	1 災害救助費		XXX,XXX千円
3 衛生費	1 保健衛生費	1 保健衛生総務費		XXX,XXX千円
		2 予防費		XXX,XXX千円
		3 環境衛生費		XXX,XXX千円
		4 診療所費		XXX,XXX千円
	2 清掃費	1 清掃総務費	×	XXX,XXX千円
		2 塵芥処理費		XXX,XXX千円
		3 し尿処理費		XXX,XXX千円

予算現額の動き

予算現額（歳出）				
当初予算額	補正予算額	繰越予算額	流用（増減）	予備費充当

継続費逓次繰越
繰越明許費
事故繰越

歳出予算の区分のうち款と項は議決科目ですから、相互の流用はできません。ただし、あらかじめ予算で定める事項に関しては、例外として同一款内の各項の間の流用が認められています。

項の内訳である目および目の内訳である節は、執行科目であり議決を要しないことから、同一項内での流用が可能です。

生活保護総務費が足りない！

○あらかじめ予算で定めておけば、
　同一款内の各項の間で流用できる。

＜例＞
◆人員定数の変更、人事異動などで
　必要となる人件費の流用
◆国民健康保険事業や介護保険事業
　などで計上する保険給付費

◎同一項内の各目の間なら流用可能
　（目は執行科目で議決を要しない）

×款を超える流用はできない
　（⇒補正予算を編成する）
　（⇒予備費を充当する）

●予算現額
歳出予算には当初予算成立後、補正予算、繰越予算、流用、予備費充当といった動きがあります。これらの総和、すなわち、ある時点での予算額を予算現額といいます。歳入予算は補正予算による動きだけです。

●予備費（自治法 217 条 I）
一般会計では予算外の支出又は予算超過の支出に充てるため、歳入歳出予算に予備費を計上しなければなりません。
特別会計では予備費を計上しないことができます。

3-10 予算に関する説明書

〔関係条文等〕自治法 211 条Ⅱ、122 条、自治令 144 条等

●予算に関する説明書に記載する内容

①歳入歳出予算事項別明細書
歳入歳出予算の各項の内容を明らかにしたもの

②給与費明細書
給与費の内訳を明らかにしたもの

°○○ 職員の採用は一人３億円の債務負担行為

③継続費に関する調書
継続費についての前前年度末までの支出額、前年度末までの支出額又は支出額の見込み及び当該年度以降の支出予定額並びに事業の進行状況等に関する調書

④債務負担行為に関する調書
債務負担行為で翌年度以降にわたるものについての前年度末までの支出額又は支出額の見込み及び当該年度以降の支出予定額等に関する調書

⑤地方債に関する調書
地方債の前前年度末における現在高並びに前年度末及び本年度末における現在高の見込みに関する調書

⑥その他
その他予算の内容を明らかにするため必要な書類

○ ○ ○ 住民の理解できる予算説明書は作れないのか？

予算を議会に提出するときは、政令で定める「予算に関する説明書」をあわせて提出しなければなりません。様式についても、省令（自治則 15 条の 2）で定める様式を基準とすることになっています。
　予算は住民のものです。従来の様式にとらわれない、住民の理解できるわかりやすい説明書づくりが始まっています。

歳入…目、節、事項ごとの見積もり額などを記載します。
歳出…項の内訳にあたる目ごとの節の金額、事業ごとの金額、財源内訳などを記載します。

予算
見積書

議会で議論の材料にされることも少なく、職員が予算執行の場面で使用するのは、予算を積み上げたときに作成した「予算見積書」です。

これらは将来負担を明らかにするものです。

予算は住民のもの。住民の理解できる予算説明書は作れないのか？

●歳出予算の目・節
（自治令 150 Ⅰ③）
歳入歳出予算の各項は目、節に区分するとともに、当該目、節の区分に従って歳入歳出予算を執行することになっています。歳出予算は款、項、目まで目的別に分類されています（第9章の1参照）が、目の明細にあたる節は性質別に分類され、予算執行時の統制と、執行後の経費分析を容易にします。
（第9章の3参照）

もっと知りたい
ことしの仕事

北海道
ニセコ町

◆1995年4月、町の全事業について詳細な説明を加えた資料を全戸に配布。その後、全国に広まりました。

わかりやすい
予算説明書の
条件

◆役所言葉を使わない
◆住民の知りたいことが、知りたいところまで書いてある
◆過去からの経緯がわかる
◆将来の見通しがわかる
◆他の都市との比較ができる

自転車置場の議論

　国の浪費を断つには役人の数と予算を削減するしかない（第一、第二法則）。そう提言した英国の歴史・政治学者パーキンソンは、次に「自転車置場の議論」（凡俗の法則）を明らかにしています。

　これは、「どうでもいい議論ほど白熱する」という法則で、凡俗とはトリビアリティ（Triviality）の和訳です。

　例えば原子炉建設計画は重要な話ですが、専門的で複雑過ぎ、一般人には理解できません。このため一般人は口を挟めず議論は粛々と進んでしまいます。

　いま、東京電力福島第一原子力発電所の事故を契機に原子炉の廃炉が大きな問題となっています。しかし、建設計画策定の際、使用済核燃料や放射性廃棄物の処理、それに必要な技術や費用など廃炉に関する課題をどこまで議論していたでしょうか？　「きっと誰かが考えてくれているさ」とスルーしていた人が多かったはずです。

　ところが自転車置場をつくる話になると、屋根の素材をアルミにするかトタンにするか、塗装は何色がいいかなど、一般人も容易に議論に参加することができます。原子炉建設計画で発言できなかった分、この時とばかり積極的に発言するのです。

　その結果、議論は問題の重要性とは無関係に白熱し、時間は浪費されます。もちろん、自転車置場を軽視しているわけではありません。

　パーキンソンは「ひとつの事業の予算審議に要する時間は、その事業の予算額に反比例する」と言っています。

　もし、私が会議の主催者なら重要な議題の間に「自転車置場」を入れます。そうすれば、会議の出席者は誰でも議論に参加することができ、自分の発言が自治体運営にしっかり活かされると錯覚し、満足して家に帰れるからです。

　このように、会議が「自転車置場の議論」に終わってしまえば、物事の本質や重要性を見失い、やがて住民参加は形だけのものになってしまいます。これは、庁内で行われている会議でも同じです。

4章

予算の
原則と例外

総計予算主義の原則

〔関係条文等〕自治法210条等

●総計予算と純計予算の違い

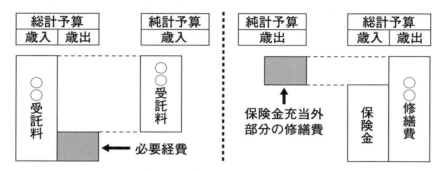

●総計予算主義における現金の流れ

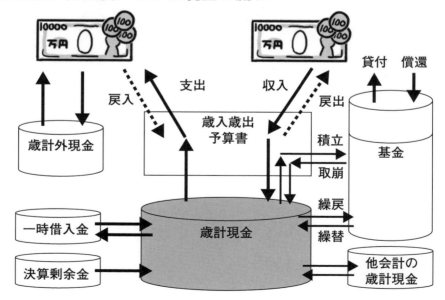

一会計年度における一切の収入及び支出は、すべてこれを歳入歳出予算に計上して執行しなければなりません。必要経費を差し引いて収入に計上するような純計予算に対して、これを総計予算と呼びます。

●総計予算主義の例外

歳計現金の一時的な不足を補うもの

◆各会計相互間の歳計現金の繰替運用
　（自治法235条の4Ⅰ）
　会計管理者は、一般会計及び各特別会計の歳計現金に過不足があるときは、相互に繰替運用をすることができます。公営企業会計の場合は、企業管理者との協議が必要です。利子のみ予算計上することがあります。

◆基金の繰替運用
　（自治法241条）
　条例の定めにより、歳計現金の不足を基金に属する現金で補うものです。利子のみ予算計上することがあります。

◆一時借入金（自治法235条の3）
　歳計現金の不足を補い、年度内に償還することから予算に計上しません。利子のみ予算計上することがあります。

制度によるもの

◆決算剰余金の基金編入
　（自治法233条の2ただし書）
　決算上剰余金を生じたときは、条例又は議決により、その全部又は一部を繰越し手続きを経ず、そのまま基金に編入することができます。

◆歳入歳出外現金
　（自治法235条の4Ⅱ）
　入札保証金、職員の給与にかかる所得税及び住民税、公営住宅敷金など、自治体の所有に属さず、支払にあてることのできない現金なので予算に計上しません。歳計外現金ともいいます。

◆定額運用基金（自治法241条）
　基金には積立基金と定額運用基金の二種類があります。後者の収支は、その管理の中で行うため予算には計上しません。基金から生ずる収益、基金の管理に要する経費は予算に計上します。

過誤の訂正によるもの

◆誤払金等の戻入（自治令159条）
　歳出の誤払い、過渡し等を返納させるときは、当該支出した歳出予算に戻入し、歳入予算には計上しません。

◆誤納金等の戻出（自治令165条の7）
　歳入の誤納又は過納となった金額を払い戻すときは、当該収入した歳入から戻出し、歳出予算には計上しません。

単一予算主義の原則

〔関係条文等〕自治法 209 条等

●複雑に絡み合う特別会計

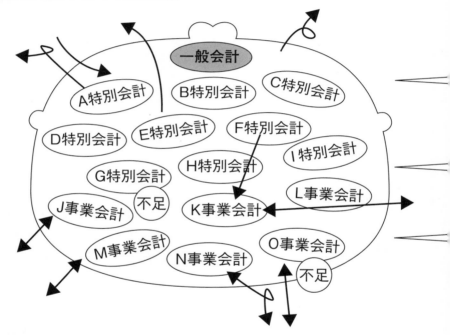

●予算の変遷と決算

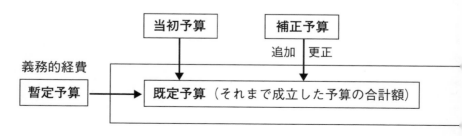

一切の収入及び支出をひとつの予算にまとめ、予算の調製は一会計年度一回とする原則です。しかし、自治体の事務事業は極めて複雑で多岐にわたり、複数の会計に区分した方が適当な場合があり、事実、数多くの特別会計が存在します。また、行政需要に的確、迅速に対応するため、予算の補正を行うことなども単一予算主義の原則の例外といえます。

財布はひとつのほうが
わかりやすい

各会計間の収支
⇒さらに複雑化

各会計ごとに収支バランスを
とる必要がある

単一予算主義の原則の例外

◆特別会計（自治法209条Ⅱ）
自治体が特定の事業を行う場合、特定の歳入をもって特定の歳出に充てるなど、一般の歳入歳出と区分して経理する必要がある場合に、条例で特別会計を設置することができます。

◆公営企業会計（地公企法17条）
地方公営企業の経理は、事業ごとに特別会計を設けて行います。事業により、条例で二以上の事業を通じて一の特別会計を設けることができます。

◆補正予算（自治法218条Ⅰ）
予算の調製後に生じた事由に基づいて、既定の予算に追加その他の変更を加える必要が生じたときは、補正予算を調製することができます。

◆暫定予算（自治法218条Ⅱ）
必要に応じて、一会計年度のうちの一定期間に係る暫定予算を調製することができます。

繰越予算額	流用（増減）	予備費充当	予算現額	決算

〔関係条文等〕自治法216条、自治令147、150条ⅠⅡ等

●予算統一の原則がもたらしたもの

◆款項の区分と様式の定め
（自治法216条、自治令
147条）（第3章参照）

◆目節の区分と様式の定め
（自治令150条Ⅱ）

◆予算書の様式の定め
（自治令147条Ⅱ）

◆予算説明書の様式の定め
（自治令144条Ⅱ）

予算を誰にでもわかりやすいものにするため、歳入と歳出の分類を統一的、系統的に調製し、一定の秩序を持たせなければならないという原則です。
　　予算の様式は自治令で定める様式を基準にしなければなりません。
　　しかしその様式がわかりにくいために多くの自治体で「よくわかる予算説明書」が作成されています。

予算統一の原則の例外

◆予算説明書のうち「その他予算の内容を明らかにするため必要な書類」
（自治令144条Ⅰ）（第3章の10参照）

C村
よくわかる
予算説明書

◆第3章の10参照

フィードバック
されていない

予算事前議決の原則

〔関係条文等〕自治法 211 条 I 等

●首長と議会間の予算議決までの流れ

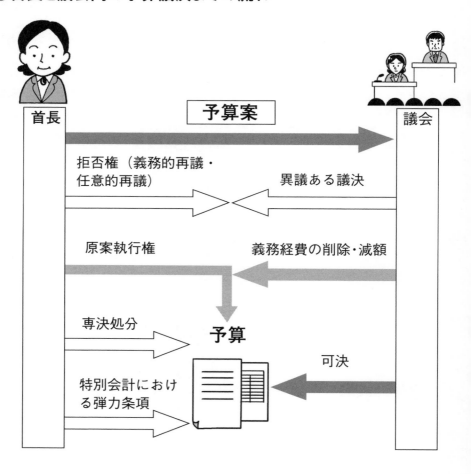

予算は議会の議決を経なければ執行することができません。このため、首長は会計年度ごとに予算を調製し、遅くとも年度開始前、都道府県及び指定都市にあっては 30 日前、その他の市及び町村にあっては 20 日前までに議会に提出しなければなりません。

●予算事前議決の原則の例外

◆予算の再議と成立（第 6 章の 7 参照）

◆首長の原案執行権（自治法177条Ⅱ）
議会が自治体の義務に属する経費（法令により負担する経費、債務の確定している経費）を削除、減額したとき、首長は、理由を示して再議に付さなければなりません。

それでもなお議会の議決が当該経費を削除、減額したとき、首長は、その経費と収入を予算に計上し執行することができます。

◆首長による専決処分（自治法179条）
首長は以下のとき、議決すべき事件を議会に代わって処分することができます。
1）議会が成立しないとき
2）会議を開くことができないとき
3）特に緊急を要するため議会を招集する時間的余裕がないことが明らかなとき
4）議会において議決すべき事件を議決しないとき予算を専決処分したとき、首長は次の議会に報告し承認を求め、否決された場合は必要な措置を講じ、議会に報告しなければなりません。

◆特別会計における弾力条項
（自治法218条(5)Ⅳ、地公企法24条Ⅲ）
主に事業経費を事業収入で賄う特別会計のうち条例で定めるものについては、業務量の増加により増加する収入に相当する金額を経費（職員の給料を除く）に使用

会計年度独立の原則

〔関係条文等〕自治法 208 条Ⅱ、148 条等

●会計年度独立の原則と例外のイメージ

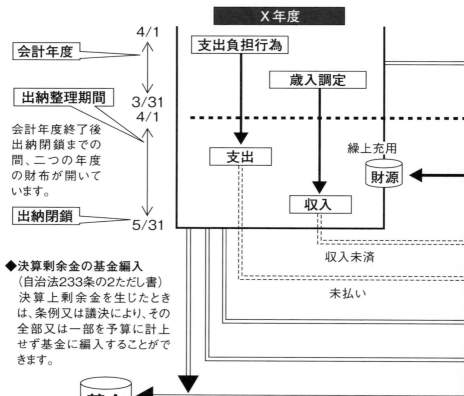

◆**決算剰余金の基金編入**
（自治法233条の2ただし書）
決算上剰余金を生じたとき
は、条例又は議決により、その
全部又は一部を予算に計上
せず基金に編入することがで
きます。

◆**地財法7条Ⅰ**
決算剰余金のうち1／2を下らない金額を翌翌年度まで
に積み立て、又は償還期限を繰り上げて行う地方債の
償還の財源に充てなければなりません。

ポイント

　各会計年度における歳出は、その年度の歳入をもって充てなければなりません。会計年度終了後は、予算の執行はできず、予算の補正も認められません。

| X＋1年度 |

| 会計年度独立の原則の例外 |

◆**継続費の逓次繰越**
　（第3章の4参照）
◆**繰越明許費**
◆**事故繰越**
　（以上、第3章の5参照）

◆**過年度収入**（自治令160条）
　出納閉鎖後は過年度の収入であっても、これを現年度の歳入とします。誤払いによる戻入金も同様です。

◆**過年度支出**（自治令165条の8）
　同様に、出納閉鎖後の支出は、これを現年度の歳出とします。誤納による戻出金も同様です。

◆**決算剰余金の繰越**
　（自治法233条の2）
　各会計年度で決算上剰余金を生じたときは、翌年度の歳入に編入しなければなりません。

◆**翌年度歳入の繰上充用**
　（自治令166条の2）
　会計年度経過後、歳入が歳出に不足するときは、翌年度の歳入を繰り上げてこれに充てることができます。この場合、そのために必要な額を翌年度の歳入歳出予算に編入しなければなりません。

- - - - - - - 4/1　　財源

繰越明許費

補正予算

過年度収入

過年度支出

財源　事故繰越

財源　継続費の逓次繰越

財源　決算剰余金の繰越

65

予算単年度主義の原則

〔関係条文等〕自治法 211 条 I

●単年度予算主義にも例外がある

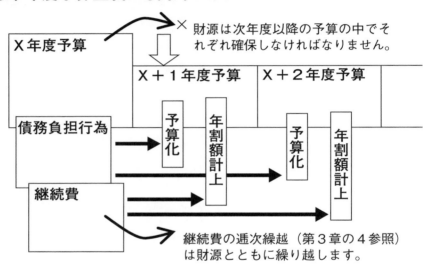

X 年度予算

×財源は次年度以降の予算の中でそれぞれ確保しなければなりません。

X＋1 年度予算　X＋2 年度予算

債務負担行為　予算化　年割額計上　予算化　年割額計上

継続費

継続費の逓次繰越（第3章の4参照）は財源とともに繰り越します。

●複数年度予算もメリットばかりではない

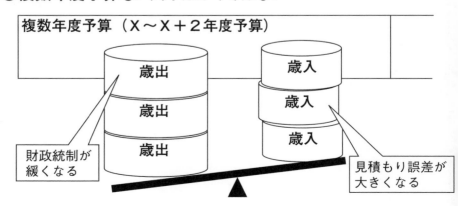

複数年度予算（X〜X＋2 年度予算）

歳出
歳出
歳出

歳入
歳入
歳入

財政統制が緩くなる

見積もり誤差が大きくなる

予算は会計年度ごとに作成し、次の会計年度以降の予算を拘束しないという原則です。毎年、議会の議決を受けることで財政民主主義が機能するという利点がある一方、「使い切り予算」の弊害や、長期的な政策立案が進まないなどの問題点が指摘され、複数年度予算を検討する動きもあります。

単年度主義の原則の例外

◆継続費（第3章の4参照）
◆債務負担行為（第3章の6参照）

単年度主義の原則の問題点

◆前例踏襲に陥りやすい。
◆予算の「使い切り」が横行する。
◆長期的な政策立案が難しい。

複数年度予算の実現性

◆憲法改正でなく法律でも可能か？
◆直接適用のない自治体なら可能か？
◆国の予算と関係の深い自治体予算が先行して実施することができるか？

複数年度予算の問題点

◆財政統制が緩くなる。
◆複数年の財政見通しを立てるのが困難
◆補正予算を繰り返せば複数年度予算の意味がない。
◆首長の任期との整合性

●**予算単年度主義の根拠**
（自治法211条Ⅰ）
普通地方公共団体の長は、毎会計年度予算を調製し、年度開始前に、議会の議決を経なければならない（以下略）。

●**憲法86条の予算単年度主義**
「内閣は、毎会計年度の予算を作成し、国会に提出して、その審議を受け議決を経なければならない」（原文）
これを変えるには、憲法改正の論議が必要です。

●**実質的な複数年度予算の例**
（第10章の11参照）

予算公開の原則

〔関係条文等〕自治法219条Ⅱ、243条の3Ⅰ等

●予算の情報は誰でも見られることが大原則

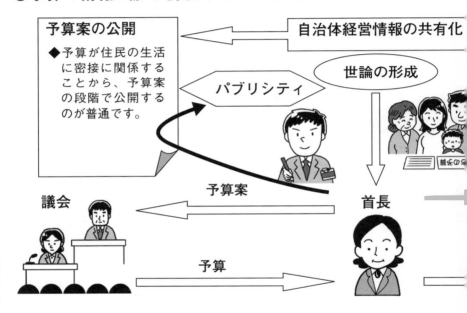

予算案の公開

◆予算が住民の生活に密接に関係することから、予算案の段階で公開するのが普通です。

自治体経営情報の共有化

パブリシティ

世論の形成

議会

予算案

首長

予算

パブリシティ

テレビや新聞、雑誌などのメディアに的確に情報を提供し、ニュースや記事として取り上げてもらうこと。パブリシティが機能すると自治体の製品（サービス）情報をきめ細かく流してもらえるほか、自治体のイメージアップにつながります。予算の発表の際、記者会見を行ったり、プレスリリースを配布したりするところが増えています。

ポイント　首長は議長から予算の送付を受けた場合、再議その他の措置を講ずる必要のないときは、直ちに、その要領を住民に公表しなければなりません。また、条例の定めにより毎年二回以上、財政に関する事項を住民に公表しなければなりません。

財政状況の公表

・会計別予算の執行状況
・財産、地方債、一時借入金の現在高
・住民税の収入と市民の税負担
・公営企業の経営状況
・その他財政に関する事項

パブリシティ

住民への公開　　　　　⟹　予算の執行

予算の公表

（自治法219条㊙）
首長は議会から予算の送付を受け、再議その他の措置を講じないときは、直ちに、その要領を住民に公表しなければなりません。

アンガーマネジメント

古参のN財政係長に、持ち回り決裁をお願いしたときのことです。

「あんたは会計年度独立の原則を知ってるの?」

「もちろんです。特例を認めていただくための決裁です。昨年もお願いしています」

「昨年は関係ないよ」N係長はガンとして譲らず、私は必死に説得を試みました。

「原則は曲げられないよ」

(原則って何だよ!曲げることができるから原則なんだろう!)

「5億円の医療費の問題です」「だったらなおさら認めるわけにはいかんな」

「今日中に必要なんです!」体の震えが止まりません。

「お前さんじゃ、話にならん」(なんだ?　私じゃなきゃ、判子押すのかよ!)

気がつくと、私は持っていた書類をN係長めがけて……（さぁ、どうする?）

① 6秒待つ

怒りの源は動物の防衛本能です。敵があなたの防衛ラインを超えてきたとき、これを迎撃するか、逃げるか、あなたの身体は興奮状態になります。あなたの「○○であるべき」というラインを敵が超えたとき、これを脅威に感じ、怒りの感情が湧くのです。6秒待ちましょう。興奮状態は6秒過ぎると収まります。

② 許容範囲を広げる

「○○であるべき」という防衛ラインは、あなたが決めたラインです。防衛ライン、許容範囲が狭いと怒ることが多くなり、広ければ少なくなります。怒りを行動に移す前に、あなたの許容範囲が広げられないか考えましょう。

③ 許容範囲を伝える

敵はあなたの許容範囲を知らず、あなたは敵の許容範囲を知りません。「喧嘩売ってるのか!」と迫る場面で多くの場合、喧嘩が売られていないのは、許容範囲に個人差があるからです。「私の許容範囲を超えていますよ」と警告を発し、敵が防衛ラインの外側に出てしまえば事態は収束します。

④ 逃げる　⑤ エネルギーにする

「逃げるが勝ち」という言葉があるように、次に勝つために逃げます。そして、いまは逃げなければならない自分に対する怒り（悔しさ）をモチベーション（バネ）に換えるのです。「カチン」ときたら、あなたの中に湧き出るエネルギーを感じてください。次に、そのエネルギーを何に使ったらいいのか、考えましょう。

……投げつけてやれば、どんなにスッキリするだろうと思いました。

私が財政課長になったのは、それから15年後のことです。

5章

自治体の活動を機能させる
予算の種類

5-1 一般会計と特別会計

〔関係条文等〕自治法 209 条、地財法 6 条、地公企法 2 条、17 条

●実体の見えにくい特別会計の存在

一般会計（A）

◆特別会計で経理する以外の一切の収支を経理する会計

特別会計
（Aを除くすべて）

◆独立採算制
◆収支の明確化

下記以外の特別会計（B）

◆母子福祉資金貸付会計など法令によるもの
◆用地会計、公債費会計など

収益事業会計（C）

◆競輪、競馬事業など

事業会計（D）

◆国民健康保険会計など法令によるもの

公営企業会計

◆水道、鉄道事業など

狭義の特別会計
（B+C+D+E）

◆一般会計を除くすべての会計（広義の特別会計）から地公企法の適用を受ける事業に係る会計F（狭義の公営企業会計）を除いたもの。会計方式の違いに着目した分類。
会計区分を一般会計、（狭義の）特別会計、（狭義の）公営企業会計の3区分と説明することがあります。

自治体はひとつの会計（一般会計）ですべての収支を経理するのが原則です（単一予算主義の原則　第4章の2参照）。しかし、自治体が特定の事業を行う場合や、特定の歳入をもって特定の歳出に充て経理する必要がある場合には、条例で特別会計を設置することができます。特別会計の増加は予算全体を見えにくくし、住民や議会による監視機能の障害になることもあるので、注意が必要です。

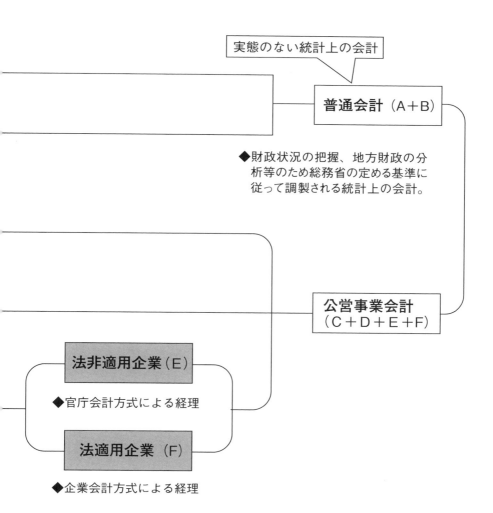

実態のない統計上の会計

普通会計（A＋B）

◆財政状況の把握、地方財政の分析等のため総務省の定める基準に従って調製される統計上の会計。

公営事業会計
（C＋D＋E＋F）

法非適用企業（E）

◆官庁会計方式による経理

法適用企業　（F）

◆企業会計方式による経理

特別会計と公営企業会計

〔関係条文等〕自治法 209 条、地財法 6 条、地公企法 2 条等

●公営企業会計を含めた広義の特別会計

一般会計…地方税や地方交付税などの見込みと、教育や福祉、消防、土木など自治体の基本的なサービスに要する経費を計上します。

特別会計
(1) 法令に基づき設置しなければならないもの
- 国民健康保険事業
- 老人保健医療事業
- 後期高齢者医療事業
- 介護保険事業
- 農業共済事業
- 交通災害共済事業
- 公立大学付属病院事業
(2) 収益事業
- 競馬事業
- 競輪事業
- モーターボート競走事業
- 競艇事業
- 宝くじ事業
(3) 特定の資金を使って行う事業
- 母子父子寡婦福祉資金貸付事業
- 災害救助基金
- 奨学資金貸付事業
- 商工振興貸付金事業

公営企業会計…その公営企業の収入をもってその経費を賄う独立採算制を原則に、住民サービスを提供します。
(1) 法適用企業
地公企法が適用され、企業会計方式で経理します。
(2) 法非適用企業
地公企法が適用されず、官庁会計方式で経理します。

特別会計には法令に基づき設置しなければならないもの、収益事業に関わるもの、その他特定の資金を使って行う事業などがあり、公営企業会計を含めて（広義の）特別会計と呼ぶことがあります。

公営企業会計は独立採算制を原則とし、予算は収益的収支と資本的収支に分けられ、費用、収益を発生主義に基づいて計上するなど一般の官庁会計とは異なる会計方式が採用されています。

◆次の公営企業を経営する場合は、特別会計を設けなければなりません。
（地財法６条、同令37条）
　　水道事業
　　工業用水道事業
　　交通事業
　　電気事業
　　ガス事業
　　簡易水道事業
　　港湾整備事業
　　病院事業
　　市場事業
　　と畜場事業
　　観光施設事業
　　宅地造成事業
　　公共下水道事業

◆企業会計方式による会計
（地公企法２条Ⅰ）
　　水道事業
　　工業用水道事業
　　軌道事業
　　自動車運送事業
　　鉄道事業
　　電気事業
　　ガス事業
　　病院事業
　　（地公企法２条Ⅱ）
　　その他条例で定める事業
　　（地公企法２条Ⅲ）

●自治体全体の財政状況
自治体には一般会計のほか特別会計、公営企業会計があるため、自治体全体の財政状況が見えにくくなっています。

一般会計から他会計への繰出金は無視できない額になっており、とくに国民健康保険事業や病院、鉄道など、恒常的に赤字補てんしている事業には注意を払う必要があります。

また、公社や外郭団体など自治体から独立した団体も少なくなく、これらを含めた財政状況の把握が不可欠です。

●健全化判断比率の対象会計
（第７章の９参照）

普通会計

●自治体間比較を可能にする普通会計のしくみ

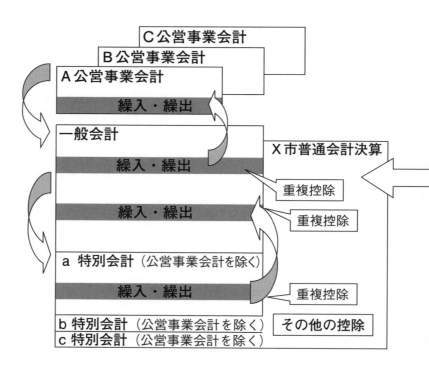

公営事業会計以外の会計をひとつの会計にまとめたもの。自治体の会計には一般会計と特別会計がありますが、自治体ごとに会計の範囲が異なっています。そこで、自治体の財政状況の把握（比較）、地方財政全体の分析等に用いられる統計上の会計が普通会計です。総務省の定める基準に従って、対象となる会計から会計間の重複額等を控除するなどの調整を行い算出します。

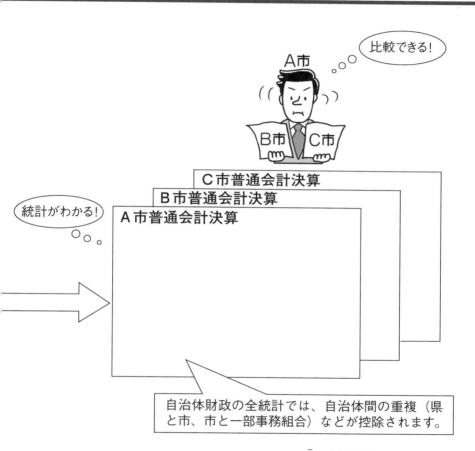

比較できる！

A市

B市　C市

C市普通会計決算

B市普通会計決算

統計がわかる！

A市普通会計決算

自治体財政の全統計では、自治体間の重複（県と市、市と一部事務組合）などが控除されます。

●決算統計
総務省が所管する「地方財政状況調査」の通称。
普通会計は決算統計において統計上の比較を可能にするために作られた会計。

当初予算と補正予算

〔関係条文等〕自治法 218 条 I 、自治令 148 条

●補正予算で追加・変更されていく予算

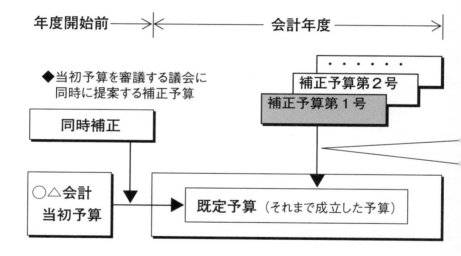

年度開始前 ──→┼←── 会計年度 ──────→┃

◆当初予算を審議する議会に
同時に提案する補正予算

同時補正

補正予算第 2 号

補正予算第 1 号

○△会計
当初予算

既定予算（それまで成立した予算）

各会計の予算は通常、年度開始前に議決され成立します。これを当初予算といいます。補正予算は予算の編成後に生じた事由に基づいて既定の予算に追加、その他の変更を加える予算です。予算の補正に回数の制限はありませんが、会計年度経過後は行うことができません。

●年間総合予算

年間の収支のすべてを盛り込み、補正予算を前提としない予算のこと。当初予算は通常、年間総合予算であり、特別な場合に編成される暫定予算、骨格予算など（後述）と対比して用いられます。

●補正予算と議会

予算の成立には議決が必要です。したがって、補正予算の編成は定例会（条例で年4回程度とするところが多い）と臨時会の前に行うことになります。

●補正予算と予備費

いったん予備費（自治法217条）を充用し執行した金額を、後日予算の追加（補正）を行って、これを予備費に繰り戻すことはできません。

◆歳出歳入予算の追加、減額
◆継続費の追加、廃止、変更
◆繰越明許費の追加、廃止、変更
◆債務負担行為の追加、廃止、変更
◆地方債の追加、廃止、変更
◆一時借入金の追加、減額
◆歳出予算の流用をすることができる場合の追加、削除

◆補正予算には追加、更正する部分だけが計上され、既定予算と一体となって予算を構成します。

| 当初予算 | 補正予算第1号 | 補正予算第2号 | … |

5-5 暫定予算と本予算

〔関係条文等〕自治法218条ⅡⅢ、自治令2条

●困ったときに用いられる暫定予算

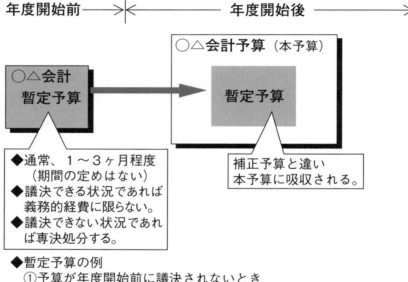

年度開始前 ――――→┤├―――――― 年度開始後 ―――――→

○△会計予算（本予算）

○△会計
暫定予算

暫定予算

◆通常、1〜3ヶ月程度
　（期間の定めはない）
◆議決できる状況であれば
　義務的経費に限らない。
◆議決できない状況であれ
　ば専決処分する。

補正予算と違い
本予算に吸収される。

◆暫定予算の例
　①予算が年度開始前に議決されないとき
　②予算が否決され再提案などに時間を要するとき
　③災害など不測の事態により議決に至らないとき
　④市町村合併等で新しい自治体が設置されるとき

首長は必要に応じて、一会計年度のうちの一定期間に係る暫定予算を調製することができます。その期間は通常１～３ケ月で本予算成立後、その効力は失われ、暫定予算に基づく支出や債務の負担は本予算に基づく支出や債務の負担とみなされます。暫定予算についても予算の事前承認の原則が適用され、議会の議決が必要ですが、事情により専決処分することがあります。

●暫定予算の補正

暫定予算に回数の定めはなく、本予算が成立するまでは何度でも調整することができます。この場合、法律的には暫定予算を複数つくることも、暫定予算を補正する補正予算をつくることもできます（実務的には後者）。

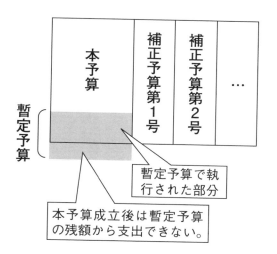

暫定予算

本予算

補正予算第１号

補正予算第２号

…

暫定予算で執行された部分

本予算成立後は暫定予算の残額から支出できない。

5-6 骨格予算と肉づけ予算

●必要最小限の内身だけの骨格予算

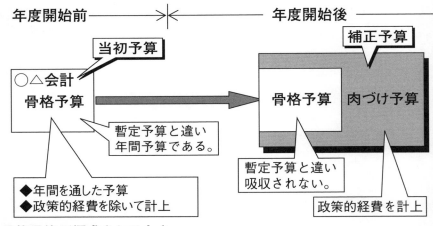

年度開始前　　　　　　　→｜←　　　　　　　年度開始後

当初予算

補正予算

○△会計
骨格予算

暫定予算と違い
年間予算である。

骨格予算　肉づけ予算

◆年間を通した予算
◆政策的経費を除いて計上

暫定予算と違い
吸収されない。

政策的経費を計上

◆骨格予算が編成されるとき
①首長が降板する場合で新首長の政策的判断を予算に反映する必要のあるとき
②首長が続投する場合で予算の否決を避けたいとき
③首長や議員の選挙の結果を予算に反映する必要のあるとき
④国等の予算編成が遅れ、その結果を予算に反映する必要のあるとき
⑤その他、一会計年度の行財政運営の見込みを立てることが困難な場合

義務的経費や継続事業費などを中心に計上した予算を骨格予算といい、選挙を目前に控えたり、国等の予算編成の都合等により、政策的判断を先送りする必要のある場合に編成します。事後、骨格予算で計上しなかった政策的な経費を追加するための補正予算を肉づけ予算といいます。

●政策予算・政策経費予算
骨格予算、肉づけ予算は、いずれも法令上の概念ではなく慣用語です。肉づけ予算をその性格をとらえて、政策予算などと呼ぶこともあります。

政策的経費を予算化するための財源を留保しておく必要があります。

（骨格予算）	当初予算	（肉づけ予算）補正予算第1号	補正予算第2号	…

格差社会
～ジニ係数　Gini coefficient ～

　世界の富の半分は人口の僅か 1 ％が所有している。持続可能な開発目標 SDGs の 10 番目の目標「人や国の不平等をなくそう」でにわかに脚光を浴びているジニ係数は、社会の格差を示す指標のひとつです。日本のジニ係数は、社戦後一貫して低下してきましたが、1980 年ごろから上昇に転じ、厚生労働省の「所得再分配調査」によると、2005 年には 0.5 を超え、2017 年には 0.5594 まで上昇しました。一般にジニ係数は 0.4 を超えると不平等が顕著となり、0.5 を超えれば是正が必要なレベルと言われています。0.5 とは所得上位 1/4 までの者の所得合計が全所得の 3/4 を占める状態です。

　これは、もともと格差の大きい高齢世帯と所得の少ない核家族や単身世帯が増えたためですが、勝ち組の象徴であるヒルズ族の台頭、かたや 200 万人を超える生活保護者の存在で明かなように、格差は確実に拡大しているのです。

　一方、ジニ係数は累進課税や社会保障制度など、所得の再分配がどの程度機能しているかを表す指標でもあります。最近 15 年間の変化をみると、当初所得では 0.4893 → 0.5594 と 14％上昇しましたが、再分配後は 0.3812 → 0.3721 と 2％減少しており、所得再分配機能が一定程度、働いてきたことがわかります。

　しかし、問題なのは、高齢者には年金を中心とした大きな所得再分配が行われているのに対し、現役世代には明かに手薄という点です。そのうえ、直接税のフラット化、消費税など間接税へのシフト、年金や介護、医療保険における負担の増加や給付の抑制など、今後、所得再分配機能は確実に弱まります。これでは、現役世代が将来を悲観するのも無理はありません。若年層の高失業率、フリーター、ニートの存在も「誰のために、何のために努力するのか？」その答えを見出せない世代のささやかな抵抗とも言えるでしょう。

　格差社会は、結果平等から機会平等へ、年功主義から実力主義へ、努力すれば報われる社会だと言います。しかし、その源は少子高齢化と財政難にあり、競争の導入によって現役世代の生産性を向上させようとする意図が見え隠れしています。このことを忘れ、格差を拡大、固定化し、競争から離脱する下層社会をつくれば、現役世代の意欲は喪失し、かえって生産性は低下してしまうに違いありません。

予算のできるまで
～1年の流れを見る～

〔関係条文等〕自治法 149 条、211 条 I 、地公企法 8 条 I ①、24 条 II

●予算編成における部門ごとの役割

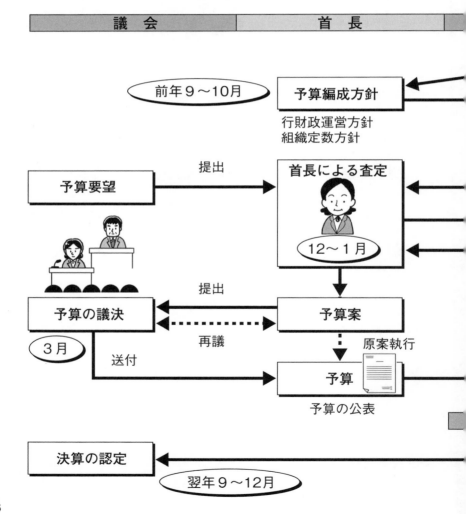

| 議　会 | 首　長 | |

前年 9 〜10 月　→　予算編成方針

行財政運営方針
組織定数方針

予算要望　→　提出　→　首長による査定　12〜1 月

予算の議決　3 月　←　提出　←　予算案

再議

送付　→　予算　原案執行

予算の公表

決算の認定　←　翌年 9 〜12 月

首長は、毎会計年度予算を調製し、これを議会に提出しなければなりません。これは首長に専属する権能です。公営企業の管理者は予算原案を調製しますが、首長は管理者の作成した原案に基づいて予算を調製し、年度開始前に議会の議決を経なければなりません。予算の編成（調製）、執行の手続きは法令によるほか、各自治体の予算事務規則などで定められています。

図は当初予算を示していますが、これに補正予算の編成が加わります。

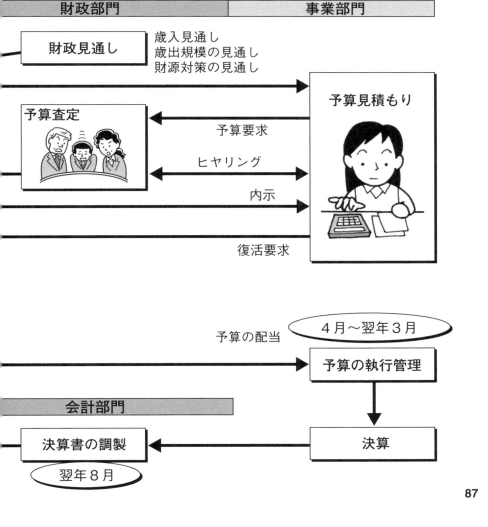

予算編成方針

●予算編成方針の内容

予算編成方針

予算編成過程の公開の要請

新しい予算編成方式
（第10章参照）

首長の重点政策

◆マニフェストの達成
◆基本的な施策の方向性
◆具体的な施策
◆緊急課題

予算の骨格

◆財政を取り巻く社会経済情勢
◆国、地方財政の動向
◆当該自治体の財政状況の分析
◆翌年度の財政見通し
◆予算編成の基本的考え方
◆行政改革の推進
◆特別会計

予算要求のルール

◆シーリングの有無
◆経費別の見積もり方針
◆標準単価などの設定
◆予算編成スケジュール

予算編成方針の策定は予算編成の最初のステップです。翌年度の課題や財政見通しを受けた基本的な施策の方向性を示します。事業部門は、この方針に沿って予算見積もりを行い、財政部門は、この方針に沿って予算査定を行います。

●財政部門のシミュレーション

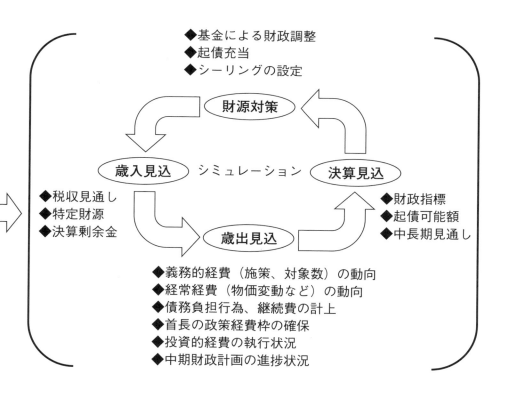

◆基金による財政調整
◆起債充当
◆シーリングの設定

財源対策

歳入見込　シミュレーション　**決算見込**

◆税収見通し
◆特定財源
◆決算剰余金

◆財政指標
◆起債可能額
◆中長期見通し

歳出見込

◆義務的経費（施策、対象数）の動向
◆経常経費（物価変動など）の動向
◆債務負担行為、継続費の計上
◆首長の政策経費枠の確保
◆投資的経費の執行状況
◆中期財政計画の進捗状況

6-3 予算見積もりと要求

●事業部門における政策経費の考え方

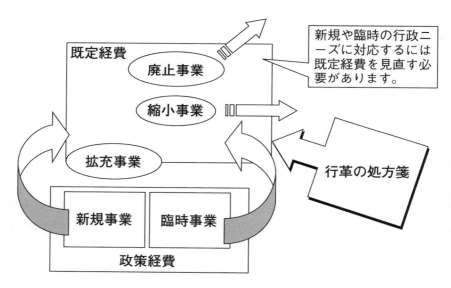

政策経費要求のポイント

◆事業の意義、目的、目標を明確にする。
◆重点施策、他の計画、関係施策との整合性を明らかにする。
◆他の自治体で同様の事業があれば、その状況を説明する。
◆民間や他のセクターでは実施できないことを明らかにする。
◆事業費の積み上げを正確に算出する。
◆職員の増加、人件費、間接費の増加を明らかにする。
◆次年度以降の財政負担を明らかにする。
◆複数の実施方法と比較し、最善策であることを説明する。
◆事業の見直し時期を明らかにする（サンセット方式）。
◆新規拡充するために廃止縮小した事業があれば列挙する。

事業部門は予算編成方針に基いて所管する事業の見積書を作成し、財政部門へ提出（予算要求）します。枠配分やシーリング方式を採用する自治体では、歳出予算額や投入する一般財源について制約があります。

既定経費のチェックポイント

◆事業の意義、目的、目標が現在の状況に合致しているか。

◆廃止、縮小できない理由があるか。

◆民間や他のセクターで実施できないか。

◆事業実績（決算）とその効果

◆前年度から増減があればその理由

◆さらに効率的な事業執行はできないか。

●予算要求と予算査定

後述するように現行の予算編成方式では、予算査定における事業部門に対するヒヤリングは初期の段階に限られています。したがって、財政部門の担当者をどれだけ納得させられるかが予算成否の鍵となります。とくに、新規事業や臨時事業については、財政部門内部の議論に耐えられる説明と資料が必要となります。

●行革の処方箋

既定経費を圧縮するため一律カットが横行した時代もありました。しかし、現在では自治体経営の理念に立った新しい手法が開発されています。行政評価、事業仕分けなど全庁的に取り組むシステムのほか、指定管理者や民間委託、PFIやPPP（官民によるパートナーシップ事業）の活用、市場化テストなど個別の事業に導入できるものもあります。行政コストと効果を意識したしくみの導入が行政改革の処方箋です。

予算査定

●予算査定は段階的に実施される

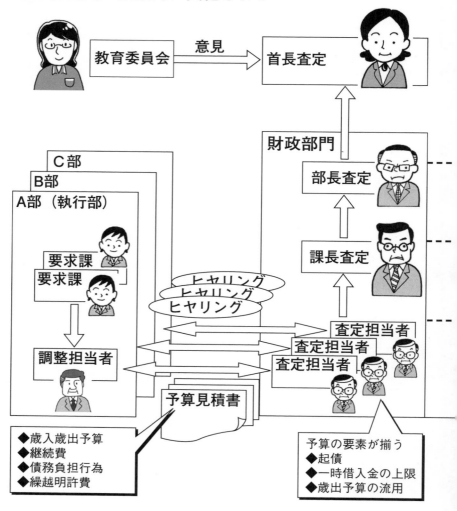

教育委員会 →意見→ 首長査定

財政部門

C部
B部
A部（執行部）

部長査定

要求課
要求課

課長査定

ヒヤリング
ヒヤリング
ヒヤリング

調整担当者

査定担当者
査定担当者
査定担当者

予算見積書

◆歳入歳出予算
◆継続費
◆債務負担行為
◆繰越明許費

予算の要素が揃う
◆起債
◆一時借入金の上限
◆歳出予算の流用

事業部門が提出した見積書に基づいて財政部門が調査し、首長の査定を受けるまでの調整作業を予算査定といいます。予算査定は、財政部門の担当者、財政課長、財政担当の部長、そして首長査定というように段階的に実施します。事業部門に対するヒヤリングは担当者の段階で行われ、それ以降の査定は財政部門内部だけで行われるのが普通です。

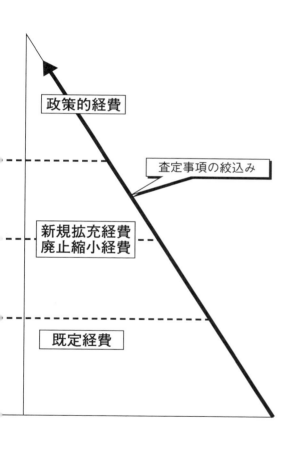

政策的経費

査定事項の絞込み

新規拡充経費
廃止縮小経費

既定経費

●教育委員会の意見聴取
（地教行法 29 条）
首長は歳入歳出予算のうち、教育に関する事務に係る部分について、教育委員会の意見をきかなければなりません。

●査定のポイント
査定に上下主従の関係はありません。査定は一定の情報・資料に基づき、事務事業の優先度を決める要求側と被要求側の共同作業です。
1）その事業はそもそも自治体の仕事なのかどうか。
2）予算編成方針、マニフェスト、全体計画等に沿ったものかどうか。
3）住民、議会からの要望はどうか。
4）既存の事業が活用できないか、また、既存事業との均衡、調整はとれているか。
5）職員の増加を伴うものではないか。
6）将来の財政負担はどうなるのか。
7）国、県補助金など、特定財源の見通しはどうか。
8）受益者負担は適正か、収益事業なら採算性はどうか。
9）執行方法に無理無駄はないか、もっと効率的にできないか。

●査定結果の公表とその後の対応

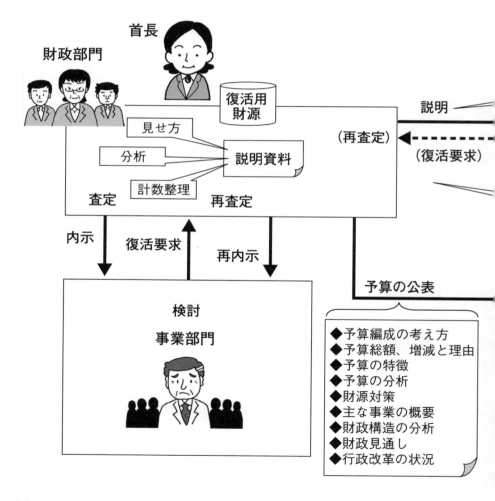

財政部門

首長

復活用財源

見せ方
分析
計数整理

説明資料

説明

（再査定）

（復活要求）

査定　　　　　　再査定

内示　　復活要求　　再内示

予算の公表

検討

事業部門

◆予算編成の考え方
◆予算総額、増減と理由
◆予算の特徴
◆予算の分析
◆財源対策
◆主な事業の概要
◆財政構造の分析
◆財政見通し
◆行政改革の状況

首長査定の結果は財政部門を通じて各事業部門へ通知されます。これを予算内示といいます。内示は予算を決める前に致命的なミスがないか確認するための行為ですが、自治体によっては修正（復活要求）を認めることがあります。その場合は再査定という手順を踏んで予算が完成しますが、財政部門は復活のための財源を用意しなければなりません。

全員協議会、内示会など

議会

自治体によっては議会（政党）の復活要求を認めるところがあります。

報道機関など

●復活要求

首長の査定が終わった段階で財政部門が事業部門に査定の結果を知らせることを内示と呼びます。この内示に対して修正を求めるのが復活要求です。

予算提案権を唯一持つ首長の査定が終わっているという点で、財政部門と事業部門の間で事務的に行われる修正要求とは趣を異にするものです。

●報道対応

当初予算の発表は1月から2月の一時期に集中します。予算の発表は、報道機関に自治体の仕事をPRする最大のチャンスですから、これを逃してはなりません。

　・特徴ある事業
　・特徴ある行政手法
　・気になるイベント
　・他の自治体にない考え方・
　　試み

こうしたものをニュースリリースとしてまとめた上で、報道機関との間の窓口を一本化する、質問に対応する職員を配置しておく等の対策を講ずるべきです。

議会による審議

〔関係条文等〕自治法211条、149条、96条Ⅰ②等

●首長と議会との予算審議をめぐる攻防

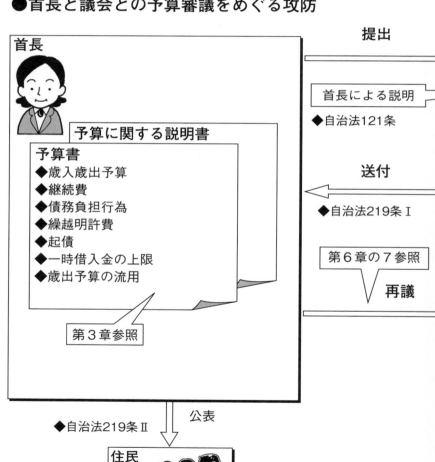

提出

首長による説明

◆自治法121条

送付

◆自治法219条Ⅰ

第6章の7参照

再議

首長

予算に関する説明書

予算書
◆歳入歳出予算
◆継続費
◆債務負担行為
◆繰越明許費
◆起債
◆一時借入金の上限
◆歳出予算の流用

第3章参照

公表

◆自治法219条Ⅱ

住民

ポイント　予算は議会に提出され審議されます。当初予算は遅くとも年度開始前、都道府県及び指定都市にあっては 30 日前、その他の市及び町村にあっては 20 日前までに議会に提出しなければなりません。

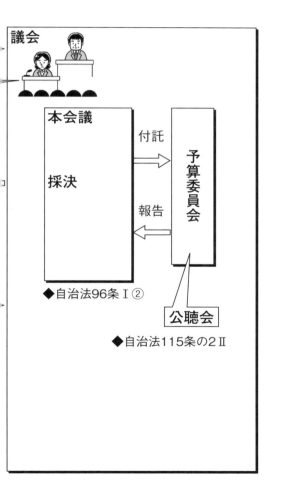

議会

本会議

採決

付託 →

← 報告

予算委員会

◆自治法96条Ⅰ②

公聴会

◆自治法115条の2Ⅱ

●予算の提出権

予算の提出権・提案権は、首長に専属のものであって、議員には予算の提出権はありません（自治法 112 条ただし書）。

これは内閣と国会との関係と同じで、国の予算の提出権は内閣に専属します（憲法 73 条⑤、同 86 条）。

●地方公営企業の予算

（地公企法 24 条Ⅱ）

首長は地方公営企業の管理者が作成した原案に基づいて予算を調整し、年度開始前に議決を経なければなりません。

●予算（特別）委員会

予算が長から提出されると、議長はこれを本会議に上程し審議を開始しますが、当初予算を集中して審議するために特別委員会を設けることがあります。補正予算も含め、一般的には常任委員会へ付託、審議の後、本会議で採決されます。

予算の再議と成立

〔関係条文等〕自治法97条Ⅱ等

●原案可決と修正議決、否決の構図

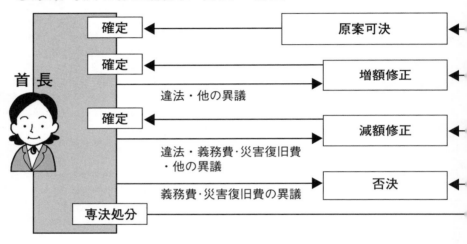

●再議の流れ

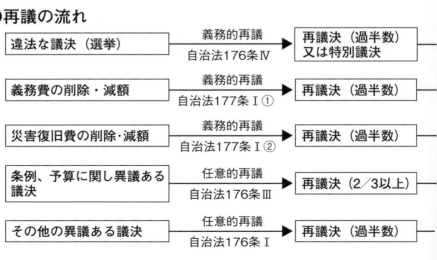

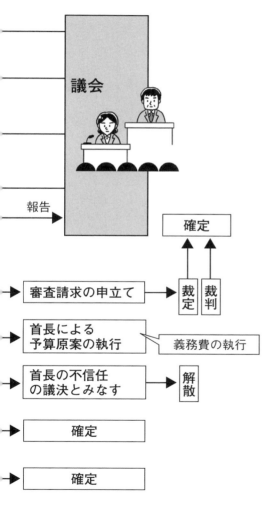

議会

報告

確定

審査請求の申立て

裁定

裁判

首長による
予算原案の執行

義務費の執行

首長の不信任
の議決とみなす

解散

確定

確定

●予算の増額修正
（自治法 97 条Ⅱ）
予算の修正議決には原案の一部を削減する減額修正と増額修正があります。減額修正は議会本来の権能ですが、増額修正は首長の予算提案権を侵さない範囲で限定的に認められるものです。その範囲については明確な基準はなく、首長と議会との間で調整を行うことになっています。

●予算の専決処分
（自治法 179 条）
予算を専決処分（第 4 章の 4 参照）したとき、首長は次の会議において議会に報告し承認を求めなければなりません。予算の専決処分について、議会の承認が得られなかった場合、首長は補正予算の提出など、必要な措置を講じ議会に報告しなければなりません。

予算の執行管理

〔関係条文等〕自治法 220 条、自治令 150 条 I

●予算執行における部門ごとの役割

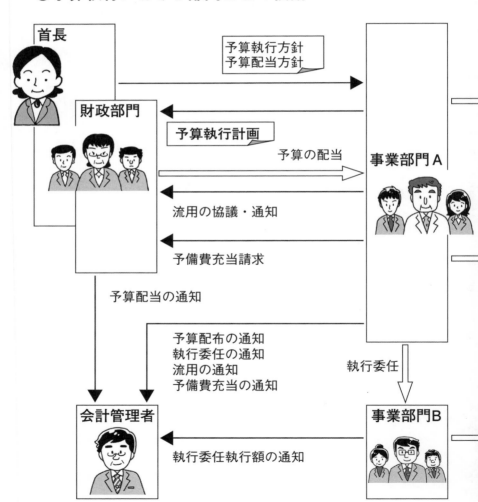

首長

財政部門

予算執行方針
予算配当方針

予算執行計画

予算の配当

事業部門 A

流用の協議・通知

予備費充当請求

予算配当の通知

予算配布の通知
執行委任の通知
流用の通知
予備費充当の通知

執行委任

会計管理者

事業部門B

執行委任執行額の通知

首長は政令に定める基準に従って予算の執行に関する手続きを定め、これに従って予算を執行しなければなりません。執行の手続きは各自治体の予算事務規則などで定められていますが、多くの場合、事業部門による予算の執行が適正に行われるよう、財政部門、会計管理者などの関与が規定されています。

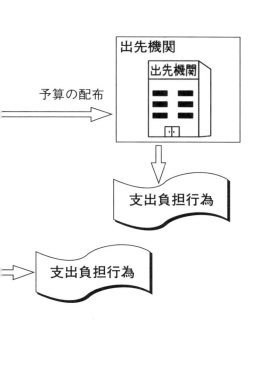

予算の配布

出先機関

出先機関

支出負担行為

支出負担行為

支出負担行為

●予算の配当

財政部門が財源や資金繰りなどを勘案し予算執行の限度額を示すことを予算の配当といい、事業部門は配当を受けて初めて予算を使うことができます。

●予算の配布

出先機関に予算を執行させる必要のあるときは、配当された予算額を限度に予算を配布します。

●予算の執行委任

事業によっては他の事業部門に予算の執行を委任したほうが合理的、効率的な場合があります。

●予算の流用

予算で定めた項間流用、執行科目である各目、各節間の相互の流用が可能です。

●予備費の充当

通常、財務部門が一括管理し、事業部門の請求に応じ充当します。

●支出負担行為

支出の原因となるべき契約等の行為。

決　算

〔関係条文等〕自治法 233 条、自治令166 条、地公企法 30 条 I 等

●決算ができるまでの流れ

会計管理者

◆自治法170条 II ⑦、233条 I

調整・提出

歳入歳出決算書

首長

歳入歳出決算書　審査　◆自治法233条 II

監査委員

決算に対する意見

◆自治法96条 I ③

認定
不認定

◆決算の効力に影響しない
◆措置内容の報告と公表

公表

住民

◆自治法233条 VI

会計管理者は毎会計年度、決算を調製し、出納閉鎖後３ケ月以内（８月31日まで）に首長に提出します。決算は予算の執行結果であり、これを分析することによって次の予算や財政運営上の重要な資料となるものです。首長は監査委員の意見を付けた上で、決算を次の当初予算を審議する議会までに議会の認定に付します。

●**地方公営企業の決算**

（地公企法９条⑤、30条Ⅰ）

毎事業年度終了後２ケ月以内（５月31日まで）に管理者が調整し、首長に提出することが義務付けられています。首長は監査委員の意見を付けた上で、議会の認定に付します。

●**決算の不認定**

（自治法233条Ⅶ）

決算が認定されなくても決算の効力に影響はありません（行政実例）。この場合、首長が当該不認定の議決を受けて必要と認める措置を講じたときは、速やかにその内容を議会に報告するとともに公表しなければなりません。

議会

◆自治法233条Ⅲ

提出

歳入歳出決算書

決算に対する監査委員の意見

◆主要な施策の成果を説明する書類（自治法233条Ⅴ）
◆歳入歳出決算事項別明細書（自治令166条Ⅱ）
◆実質収支に関する調書（同上）
◆財産に関する調書（同上）
◆継続費精算報告書（自治令145条Ⅱ）
◆定額運用基金の運用状況を示す書類及びその書類に対する監査委員の意見（自治法241条Ⅴ）

6-10 歳入歳出決算書

〔関係条文等〕自治令 166 条

●歳入

款	項	予算現額	調定額	
1 市税		XX,XXX,XXX,XXX	XX,XXX,XXX,XXX	
	1 市民税			
	2 固定資産税			
	3 軽自動車税			
	・・・・・・			
	・・・・・・			
2 地方譲与税				
	1 地方揮発油譲与税			
歳入合計		XX,XXX,XXX,XXX	XX,XXX,XXX,XXX	

●歳出

款	項	予算現額	支出済額	
1 議会費		XX,XXX,XXX,XXX	XX,XXX,XXX,XXX	
	1 議会費			
2 総務費				
	1 総務管理費			
	2 徴税費			
	3 戸籍住民基本台帳費			
歳出合計		XX,XXX,XXX,XXX	XX,XXX,XXX,XXX	

歳入歳出差引残額　　X,XXX,XXX,XXX　円　　黒字のとき
うち基金繰入額　　　X,XXX,XXX,XXX　円　　赤字のとき

歳入歳出予算の項及び款に対する決算です。決算の様式は予算同様、自治令で基準が定められています。また、目、節の決算は決算の付属資料である歳入歳出決算事項別明細書に記載されます。
　決算の結果、黒字のときは基金に繰り入れた金額が、赤字のときは繰上充用した金額が欄外に記載されます。

単位：円

収入済額	不納欠損額	収入未済額	予算現額と収入済額との比較	還付未済額
XX,XXX,XXX,XXX	XX,XXX,XXX,XXX	XX,XXX,XXX,XXX	XX,XXX,XXX,XXX	XX,XXX,XXX,XXX
XX,XXX,XXX,XXX	XX,XXX,XXX,XXX	XX,XXX,XXX,XXX	XX,XXX,XXX,XXX	XX,XXX,XXX,XXX

単位：円

翌年度繰越額	不用額	予算現額と支出済額との比較
XX,XXX,XXX,XXX	XX,XXX,XXX,XXX	XX,XXX,XXX,XXX
XX,XXX,XXX,XXX	XX,XXX,XXX,XXX	XX,XXX,XXX,XXX

歳入歳出差引歳入不足額	X,XXX,XXX,XXX　円
このため翌年度歳入繰上充用金	X,XXX,XXX,XXX　円

実質収支に関する調書

〔関係条文等〕自治令 166 条

● 「実質収支に関する調書」の記載内容

区分		金額
歳入総額		XXX,XXX,XXX,XXX円
歳出総額		XXX,XXX,XXX,XXX円
歳入歳出差引額		X,XXX,XXX,XXX円
翌年度へ繰り越すべき財源	継続費逓次繰越額	XXX,XXX,XXX円
	繰越明許費繰越額	XXX,XXX,XXX円
	事故繰越し繰越額	XXX,XXX,XXX円
	計	XXX,XXX,XXX円
実質収支額		X,XXX,XXX,XXX円
実質収支のうち自治法第233条の2の規定による基金繰入額		X,XXX,XXX,XXX円

黒字の場合のみ

ポイント　当該会計の単年度の実質収支を明らかにするために作成された決算の付属書類です。実質収支とは歳入歳出差引額から翌年度へ繰り越すべき財源を控除したもので、黒字の場合、予算に計上せずに基金に積み立てることがあります。赤字の場合は繰上充用し歳入不足を補てんしますが、それでも決算上は赤字のままです。

形式収支

第3章の4参照

繰越明許費、事故繰越は第3章の5参照

未収入特定財源がある場合、決算書の翌年度繰越額と一致しないことがあります。

実質収支額＝歳入歳出差引額－翌年度へ
　　繰り越すべき財源
赤字の場合△X,XXX,XXX円と記載されます。

●**剰余金（実質収支額）の処分**
（自治法 233 条の 2）
剰余金を生じたときは、翌年度の歳入に編入しなければなりません。ただし、条例の定め又は議決により、剰余金の全部又は一部を翌年度に繰り越さないで基金に編入することができます。

●**剰余金の扱い**（地財法 7 条）
剰余金のうち 2 分の 1 を下らない金額を剰余金を生じた翌翌年度までに、積み立て、又は償還期限を繰り上げて行う地方債の償還の財源に充てなければなりません（積み立ては自治法 233 条の 2 ただし書の規定によって処理できます）
（第 4 章の 5 参照）。

目標による管理
（Management by objectives and self-control）

　「目標による管理」を MBO と略すことがあります。よく見ると「self-control（自己統制）」が省かれています。もし、MBO が文字通り「自己統制」を欠き、上司が組織目標を職員に割り振り、その進捗を逐一管理する「上司による統制」になってしまったら、どうでしょう？　職員は目の前の仕事に追われ、仕事の意義や目標を見失い、仕事の見通しや夢も語れず、やがて職員も組織も疲弊してしまうに違いありません。

　MBO において目標を立てるのは上司ではなく職員自身です。上司は職員が良い目標設定ができるようアドバイスし、目標設定後は定期的に職員と一緒に振り返り、進捗に応じてその取り組み方法や、場合によっては目標自体を改善すします。こうして初めて PDCA サイクルを回すことができるのです。

　しかし、MBO はバブル崩壊後の厳しい経済環境の下、多くの民間企業の業績回復に寄与した一方、運用面での批判も少なくありません。

　2016 年に施行された改正地方公務員法で、それまでの勤務評定に代わり人事評価が義務化され（23 条〜 23 条の 4）、その手法として MBO が推奨されていますが、MBO を公務員にそのまま適用することへの疑問も提起されています。

　民間企業では全員が目標を達成すれば、目標どおりの成果（利益）を得て、（理論上は）これを社員に給料やボーナスとして還元することができます。一方、公務員の給料は人事委員会等によって、成果とは無関係に決められてしまいます。結局、一定の人件費枠を職員同士で奪い合うことになり、たとえ全員が目標を達成できたとしても、給料の減る職員が出てしまうのです。

　公務員組織が人事評価や人事考課の結果を給料ではなく、次の仕事やポストなどの処遇に反映させ、組織全体の活性化を図ってきた背景には、こうした理由があったのです。

　高給取りを目指すなら選ぶ仕事は他にいくらでもあります。しかし、公務員のやる気の源は給料ではなく、仕事そのものにあるはずです。

　MBO の隠れた S（自己統制）を忘れず、プロの公務員をめざしましょう。そうすれば、あなたの職場は「もっと働きがいのある職場」になります。

7章

自立と自律をめざす
自治体予算の意義と役割

自治体財政の規模

● 2019年度国内総生産（支出側、名目）の内訳　● 2019年度租税総額の内訳

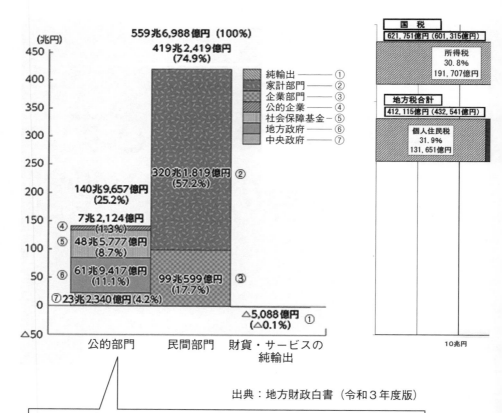

出典：地方財政白書（令和3年度版）

公的部門の金額は、扶助費、公債費等付加価値の増加を伴わない経費を控除するので、歳出決算額より小さくなる。

自治体（地方）の国内総生産（支出側、名目）に締める割合は11.1%で、国（中央）の4.2%を大きく上回っており、家計部門、企業部門に次ぐ大きな役割を担っています。しかし、その財政を支える租税の割合は自治体4：国6であり、権限の行使と責任の所在が一致していないのが現状です。

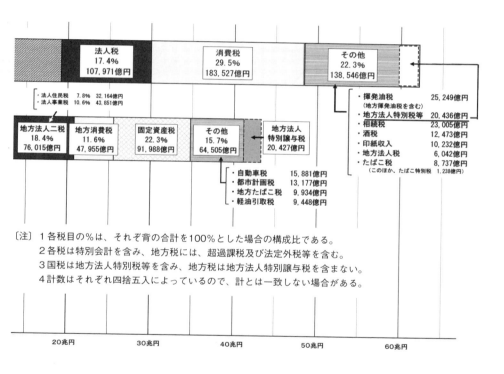

〔注〕　1　各税目の％は、それぞ背の合計を100％とした場合の構成比である。
　　　　2　各税は特別会計を含み、地方税には、超過課税及び法定外税等を含む。
　　　　3　国税は地方法人特別税等を含み、地方税は地方法人特別譲与税を含まない。
　　　　4　計数はそれぞれ四捨五入によっているので、計とは一致しない場合がある。

7-2 国による財政調整

●国と地方間での財政調整のイメージ

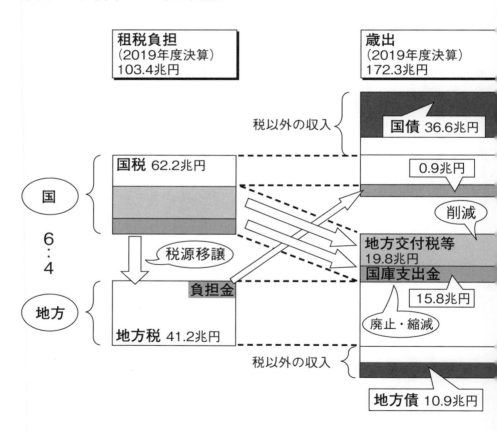

租税負担
（2019年度決算）
103.4兆円

歳出
（2019年度決算）
172.3兆円

税以外の収入

国債 36.6兆円

国税 62.2兆円

国

6
：
4

0.9兆円

削減

税源移譲

地方交付税等
19.8兆円

国庫支出金

負担金

15.8兆円

地方

廃止・縮減

地方税 41.2兆円

税以外の収入

地方債 10.9兆円

租税の割合は自治体４：国６ですが、地方交付税や国庫支出金など国から地方への財源の移転によって歳出段階では６：４と逆転します。このように税負担と支出の結びつきが弱く、国への依存度が高いと、自治体の自律したマネジメントは困難です。また、赤字債の発行がこれに拍車をかけています。2004〜2006年度の「三位一体の改革」で、国から自治体への税源移譲等が行われましたが、未だ十分とはいえません。

●三位一体の改革

2004年〜2006年度に行われた国と自治体間の行財政に関する改革。3つの改革を一体となって行うことから「三位一体」と呼んでいます。

1) 国庫支出金の廃止、縮減
2) 税源の移譲
3) 地方交付税の見直し（削減）

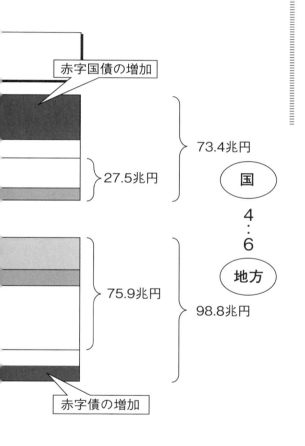

赤字国債の増加

73.4兆円

27.5兆円

国

4
：
6

地方

75.9兆円

98.8兆円

赤字債の増加

7-3 自治体財政の機能

●財政による３つの機能

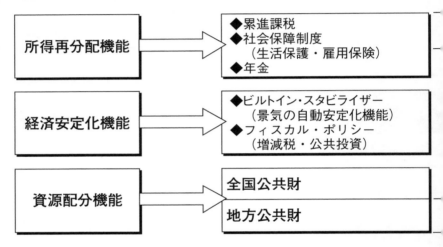

所得再分配機能	◆累進課税 ◆社会保障制度 （生活保護・雇用保険） ◆年金
経済安定化機能	◆ビルトイン・スタビライザー （景気の自動安定化機能） ◆フィスカル・ポリシー （増減税・公共投資）
資源配分機能	全国公共財 地方公共財

◆公共財
市場メカニズムでは提供できない財やサービス、提供されても十分でないもの。国防、外交、司法のように国が管理する公共財と、警察、消防、道路公園、公衆衛生のように自治体が管理する公共財とがあります。

財政には所得再分配、経済安定化、資源配分の3つの機能があり、自治体は主に資源配分機能の一部である地方公共財の提供を担っています。他の機能については国の機能を補完するものであり、単独での発動は限定的です。

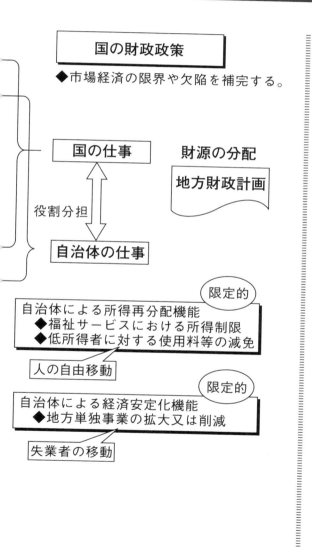

国の財政政策

◆市場経済の限界や欠陥を補完する。

国の仕事

財源の分配
地方財政計画

役割分担

自治体の仕事

限定的
自治体による所得再分配機能
　◆福祉サービスにおける所得制限
　◆低所得者に対する使用料等の減免

人の自由移動

限定的
自治体による経済安定化機能
　◆地方単独事業の拡大又は削減

失業者の移動

●ビルトイン・スタビライザー
(built-in stabilizer)
景気変動を自動的に安定させる財政上の仕組み。好況時に増え不況時に減る累進課税制度や、好況時に減り不況時に増える失業保険給付などがあります。

●フィスカル・ポリシー
(fiscal policy)
裁量的財政政策。不況時には財政支出を拡大し、減税を行い、消費・投資を刺激、拡大させます。好況時には財政支出を削減し、増税して需要を抑制します。ビルトイン・スタビライザーが自動的であるのに対し、フィスカル・ポリシーは裁量的であることから、政策介入の遅れを伴うという欠点があります。

自治体の果たす役割

〔関係条文等〕自治法２条Ⅱ

●国と自治体との行政事務の分担

分野	地方		国
	市町村	都道府県	
公共資本	都市計画等 （用途地域・都市施設） 市町村道 準用河川 港湾 公営住宅 下水道	国道（国管理以外） 都道府県道 一級河川（国管理以外） 二級河川 港湾 公営住宅 市街化区域、調整区域決定	高速自動車道 国道 一級河川
教育	小中学校 幼稚園	高等学校、特別支援学校 小中学校教員の給与、人事 私学助成（幼〜高） 公立大学（特定の県）	大学 私学助成（大学）
福祉	生活保護（市の区域） 児童福祉 国民健康保険 介護保険 上水道 ごみ、し尿処理 保健所（特定の市）	生活保護（町村の区域） 児童福祉 保健所	社会保険 医師等免許 医薬品許可免許
その他	戸籍 住民基本台帳 消防	警察 職業訓練	防衛 外交 通貨

総務省資料より作成

国民生活に密接に関連する行政は、そのほとんどが自治体の手で実施されています。これを歳出決算額で見ると、全体ではおよそ自治体6：国4の割合になっており、防衛費、年金関係を除くすべての分野で自治体に何らかの経費負担のあることがわかります。

●歳出決算額にみる国と自治体の割合

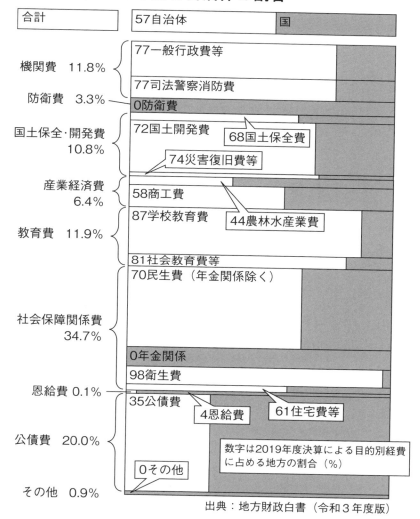

| 合計 | 57自治体　　　　　　　　　　国 |

機関費　11.8%	77一般行政費等
	77司法警察消防費
防衛費　3.3%	0防衛費
国土保全・開発費　10.8%	72国土開発費　　68国土保全費
	74災害復旧費等
産業経済費　6.4%	58商工費　　44農林水産業費
教育費　11.9%	87学校教育費
	81社会教育費等
社会保障関係費　34.7%	70民生費（年金関係除く）
	0年金関係
	98衛生費
恩給費　0.1%	4恩給費　　61住宅費等
公債費　20.0%	35公債費
その他　0.9%	0その他

数字は2019年度決算による目的別経費に占める地方の割合（%）

出典：地方財政白書（令和3年度版）

地方財政計画

〔関係条文等〕地方交付税法 7 条

● 2021 年度　地方財政計画

歳入			歳出
区分	計画額	構成比	区分
地方税	382,704	42.6	給与関係諸費
地方譲与税	18,462	2.1	一般行政経費
地方特例交付金	3,577	0.4	公債費
地方交付税	174,385	19.4	維持補修費
国庫支出金	147,631	16.4	投資的経費
地方債	112,407	12.5	公営企業繰出金
使用料及び手数料	15,487	1.7	不交付団体水準超経費
雑収入	43,754	4.9	－
一般財源充当分	△347	－	－
歳入合計	898,060	100.0	歳出合計

地方全体の歳出見込額　89.8兆円

地方税　38.3兆円	財源不足 10.1兆円	特定財源 25.7兆円

地方交付税法定分	14.6兆円
控除額*	△1.1兆円

地方交付税の加算	2.8兆円
臨時財政対策債	5.5兆円
財源対策債	0.7兆円
控除額*の繰り延べ	1.1兆円

地方財政計画とは「翌年度の地方団体の歳入歳出総額の見込額に関する書類」で、毎年度ごとに内閣が作成し、毎年2月ごろ国会に提出し、一般に公表されます。地方財政計画は自治体の普通会計の歳入歳出総額の見通しであり、自治体の財政運営上の指標となるばかりでなく、これを基に地方交付税の額が決定されます。しかし、2021年度には10.1兆円の財源不足となり、地方財政計画の約11.3%に達する規模となっています。

単位：億円・%

	計画額	構成比
	201,540	22.5
	408,824	45.5
	117,799	13.1
	14,694	1.6
	119,273	13.3
	24,430	2.7
	11,500	1.3
	―	―
	―	―
	898,060	100.0

不交付団体の財源超過分を計上し調整しています。

国庫支出金	14.8兆円
地方債（通常債）	5.0兆円
使用料及び手数料	1.5兆円
雑入	4.4兆円

地方譲与税	1.8兆円
地方特例交付金	0.4兆円

＊控除額の内訳
・2019年度国税決算清算分　0.5兆円
・2021年度交付税特会償還金 0.6兆円

●地方財政計画の内容
（地方交付税法7条）
1　地方団体の歳入総額の見込額
（1）各税目ごとの課税標準額、税率、調定見込額及び徴収見込額
（2）使用料及び手数料
（3）起債額
（4）国庫支出金
（5）雑収入
2　地方団体の歳出総額の見込額
（1）歳出の種類ごとの総額及び前年度に対する増減額
（2）国庫支出金に基づく経費
（3）地方債利子及び元金償還金

●地方財政計画の役割
1）国の施策との整合性の確保
2）自治体財源の保障
3）自治体の財政運営の指針

●自治体の国への依存
多くの自治体は地方交付税の交付団体であり、地方財政計画によって事実上、地方財政の水準が決定されます。

地方財政の財源不足

●自治体の財源不足額の推移とその内訳

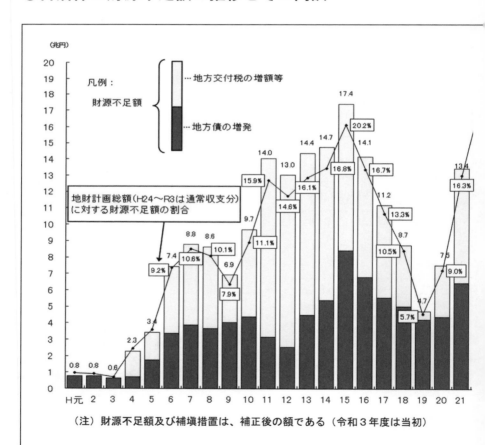

凡例：

財源不足額 {

…地方交付税の増額等

…地方債の増発

地財計画総額（H24〜R3は通常収支分）に対する財源不足額の割合

（兆円）

（注）財源不足額及び補塡措置は、補正後の額である（令和3年度は当初）

バブル崩壊後の地方税収の落ち込みや減税等により、地方財政の財源不足は2003年度（平成15年度）に17兆円に達しました。リーマンショックによる景気後退で再びピークを迎えた後は、財源不足は減少傾向にありましたが、2021年度は7年ぶりに10兆円の大台を超えました。

この財源不足は国と地方が折半し、国債や地方債の発行で賄っており、歳入の確保と歳出の抑制が求められています。

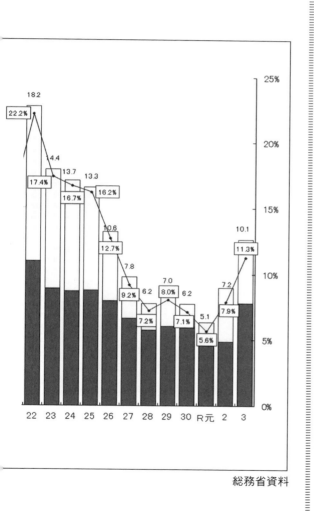

総務省資料

●財源不足を埋める「折半ルール」

地方財政計画において、地方団体の歳出総額見込額と歳入総額見込額の間に乖離（財源不足）が生じる場合、国と地方が折半し、地方交付税交付金の特例加算（国）と臨時財政対策債（地方）で負担するしくみです。

●地方一般財源総額実質同水準ルール

地方財政計画において、2011年度以降、地方自治体の安定的な財政運営に必要となる一般財源（第8章の1参照）の総額について、前年度を下回らないよう実質的に同水準を確保することとされています。

●借入金残高

2019年度末現在、地方債の残高は143兆円です（**第9章の9参照**）。これに交付税特別会計借入金残高（地方負担分）31兆円、公営企業債残高（普通会計負担分）17兆円を加えた191兆円が地方財政の借入金残高です。この額は1991年の70兆円に比べ121兆円増加しましたが、そのうち減税減収補てん債、財源対策債、臨時財政対策債、交付税特別会計借入金という特例的な借入金が2／3を占めています。

自治体財政の状況

●歳出（純計）決算額の推移（兆円）

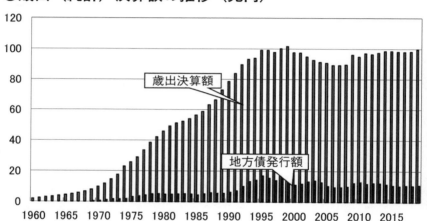

●２つの指標の意味するもの

公債費負担比率　$\dfrac{公債費充当一般財源等}{一般財源等総額}$ ⟨ 一般財源等を使って支払う借金返済額の割合。15％で警戒、20％が危険水準とされています。

経常収支比率　$\dfrac{経常経費充当一般財源}{経常一般財源総額}$ ⟨ 経常的に入る一般財源が経常的経費として出てしまう割合。70〜80％が適正とされています。

経済の停滞による歳入の減少にもかかわらず需要喚起、景気浮揚のため、景気減速に合わせた歳出抑制が遅れ、その赤字分を地方債で補なった結果、公債費負担比率は危険域に入っていましたが、近年は改善傾向にあります。一方、少子高齢化等の影響で医療、福祉など経常経費が増え、経常収支比率は危険域を超えた状況が長く続いています。

●公債費負担比率の推移（％）

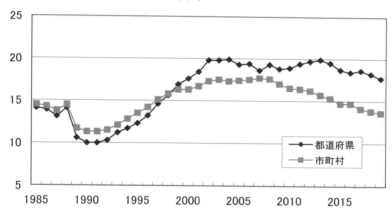

●経常収支比率の推移（％）

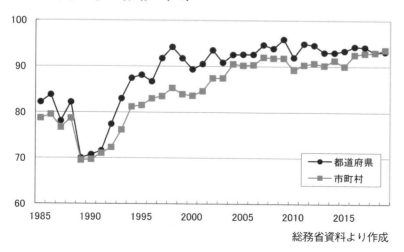

総務省資料より作成

健全化判断比率

〔関係条文等〕地方公共団体の財政の健全化に関する法律

●健全化判断比率が早期健全化基準以上である団体（自治体）の数

	都道府県		政令市		市区		町村
	18年度	19年度	18年度	19年度	18年度	19年度	18年度
団体数	47		20		795		926
実質赤字比率	0	0	0	0	0	0	0
連結実質赤字比率	0	0	0	0	0	0	0
実質公債費比率	0	0	0	0	1(1)	1(1)	0
将来負担比率	0	0	0	0	1	1	0
合　計	0	0	0	0	2(1)	2(1)	0
純　計	0	0	0	0	1(1)	1(1)	0

●健全化判断比率

実質赤字比率	普通会計に相当する一般会計及び特別会計の実質赤字の標準財政規模に対する比率
連結実質赤字比率	全会計を対象とした実質赤字額又は資金不足額の標準財政規模に対する比率
実質公債費比率	一般会計等が負担する元利償還金及び準元利償還金の標準財政規模に対する比率
将来負担比率	一般会計等が将来負担すべき実質的な負債の標準財政規模に対する比率

●資金不足比率が経営健全化基準以上である公営企業会計の数

	18年度	19年度
全数	6,426	6,285
該当数	7	5

資金不足比率	各公営企業ごとの資金不足額の事業規模に対する比率

2008 年 4 月「地方公共団体の財政の健全化に関する法律」が施行されました。4 つの健全化判断比率のうち、いずれかの指標が一定基準を超える自治体を、財政健全化団体または財政再生団体に指定します。公営企業に対しても、資金不足比率を指標とし、一定の基準を超える場合には経営健全化団体に指定します。指定された団体企業はそれぞれ、財政健全化計画または財政再生計画もしくは経営健全化計画を策定し、実施しなければなりません。

	合計	
19年度	18年度	19年度
	1788	
0	0	0
0	0	0
0	1 (1)	1 (1)
0	1	1
0	2 (1)	2 (1)
0	1 (1)	1 (1)

注1)　（　）内は財政再生基準以上である団体数（内数）。
注2)　合計は述べ団体数。純計は 2 項目以上に該当する
　　　団体を 1 としたときの団体数。

2.5〜10％以上で起債に要許可

早期健全化基準	財政再生基準
都道府県：3.75％ 市区町村：財政規模に応じ11.25〜15％	都道府県：5％ 市区町村：20％
都道府県：8.75％ 市区町村：財政規模に応じ16.25〜20％	都道府県：15％ 市区町村：30％
都道府県：25％ 市区町村：25％	都道府県：35％ 市区町村：35％
都道府県・政令市：400％ 市区町村：350％	―

18％以上で起債に要許可

財政健全化計画　→　財政再生計画

自主的な改善努力による健全化　　国等の関与による健全化

経営健全化基準
20％

経営健全化計画

健全化判断比率の対象会計

〔関係条文等〕地方公共団体の財政の健全化に関する法律

●５つの指標がカバーする範囲

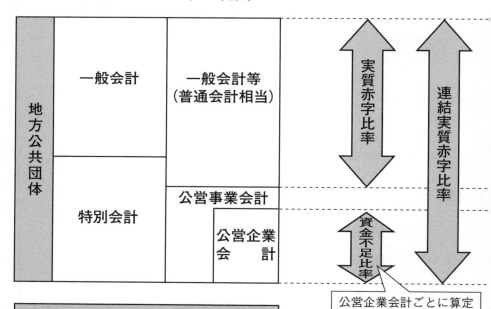

ポイント 「地方公共団体の財政の健全化に関する法律」の特徴は財政状況の監視対象を、普通会計から地方公営企業及び外郭団体へと広げ、フローだけでなくストックの財政指標も含めて評価する点です。健全化判断比率算出の対象となる会計は、実質赤字比率が普通会計相当、連結実質赤字比率、実質公債費比率、将来負担比率の対象会計は図のとおりです。公営企業会計については、会計ごとに資金不足比率を算定します。

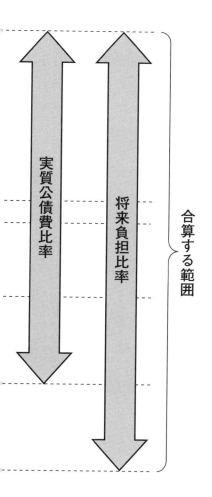

●一般会計と特別会計
（第5章の1参照）

●特別会計と公営企業会計
（第5章の2参照）

●普通会計
（第5章の3参照）

●健全化判断比率の公表
（財政健全化法3条）
首長は、毎年度、前年度の決算の提出を受けた後、速やかに、健全化判断比率と算定根拠を監査委員の審査に付し、その意見を付けて議会に報告し、公表しなければなりません。

●資金不足比率の公表
（財政健全化法22条Ⅰ）
公営企業を経営する首長は、毎年度、当該公営企業の前年度の決算の提出を受けた後、速やかに、資金不足比率及びその算定の基礎となる事項を記載した書類を監査委員の審査に付し、その意見を付けて議会に報告し、公表しなければなりません。

新公会計制度の導入

●新公会計制度の視点と指標

分析の視点	指　　標
資産形成度	将来世代に残る資産はどのくらいあるか
	○住民一人当たり資産額 ○有形固定資産の行政目的別割合 ○歳入額対資産比率 ○資産老朽化比率
世代間公平性	将来世代と現代世代との負担の分担は適切か
	○純資産比率 ○社会資本形成の世代間負担比率 　（将来世代負担比率） ●将来負担比率
持続可能性 （健全性）	財政に持続可能性があるか （どのくらい借金があるか）
	○住民一人当たり負債額 ○基礎的財政収支 ○債務償還可能年数 ●健全化判断比率
効率性	行政サービスは効率的に提供されているか
	○住民一人当たり行政コスト ○行政コスト対有形固定資産比率 ○性質別・行政目的別行政コスト
弾力性	資産形成を行う余裕はどのくらいあるか
	○行政コスト対税収等比率 ●経常収支比率 ●実質公債費比率
自律性	歳入はどのくらい税金等で賄われているか （受益者負担の水準はどうなっているか）
	○受益者負担の割合 ●財政力指数

それまで複数あった方式が、2015年、国から固定資産台帳の整備と複式簿記の導入を前提とした「財務書類の作成に関する統一的な基準」として示され、2017年度以降、各自治体は統一基準による財務書類を作成することになりました。これまで官庁会計では重視されてこなかったストックやフローを明らかにすることで、さらに効率的な行政運営をめざすことができます。

企業の財務4表
◆貸借対照表
◆損益計算書
◆キャッシュフロー計算書
◆株主資本等変動計算書

自治体の財務4表
◆貸借対照表
◆行政コスト計算書
◆資産収支計算書
◆純資産変動計算書

○財務4表による財務指標
●従来の財務指標

●のない資産形成度
●のない効率性

●複式簿記
現金主義・単式簿記を特徴とする従来の会計制度に対し、新公会計制度では発生主義・複式簿記という企業会計手法を導入します。従来の普通会計ベースの財務書類に加え、特別会計を含む連結ベースの財務書類4表を作成し、ストック（資産）やフロー（資金の動き）を明らかにします。

●貸借対照表（ＢＳ）
資産と、その資産がどのような財源で賄われてきたかを表します。資産と負債のストック面から財政状況を明らかにします。

●行政コスト計算書（ＰＬ）
行政サービス提供のために使われた費用と、使用料・手数料などの収入を対比する表です。

●資金収支計算書（ＣＦ）
1年間の資金の動きを見るため、（1）行政サービス（2）資産形成（3）財務活動に関する収支を明らかにします。

●純資産変動計算書（ＮＷ）
自治体の純資産（資産と負債の差）がどのように増減したのかを明らかにします。

内部統制制度の導入

〔関係条文等〕自治法 150 条

●内部統制の4つの目的と6つの基本的要素

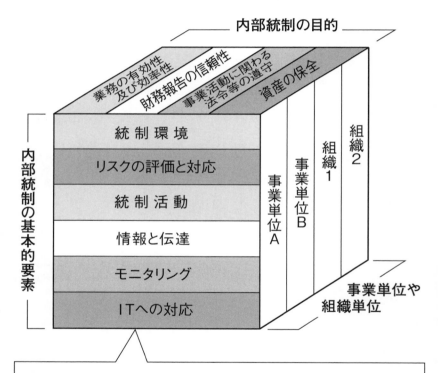

◆基本的要素を見ますと、統制環境→リスクの評価と対応→統制活動→モニタリングの順で、PDCAサイクルを意識していることがわかります。

◆目的を見ますと、内部統制の目的は不正防止だけではなく、業務におけるリスクを見える化することで不合理なルールや無駄を排し、「業務の有効性」「業務の効率性」をめざしていることがわかります。

自治体における内部統制とは、行政サービスの提供等の事務を執行する主体である首長が、自ら組織目的の達成を阻害する事務上の要因をリスクとして識別及び評価し、対応策を講じることで、事務の適正な執行を確保することです。

　2020年から都道府県知事及び指定都市の市長は、内部統制に関する方針を定め、必要な体制を整備しなければならないことになりました。他の市町村長は努力義務です。対象を「財務に関する事務」以外に拡大することもできます。

●PDCAサイクルでマネジメントすること

PLAN
◆経営戦略会議（仮称）で内部統制に関する基本方針の決定
◆リスクの全般的な評価と特定の実施

DO
◆各部局における、基本方針を具体化とリスクへの対応
◆内部統制統括部署において、各部局の取り組みを支援

CHECH
◆内部統制統括部署において自己評価の実施、整備・運用状況について、議会・住民等に報告・公表
◆内部モニタリングを行う部署において、内部モニタリングの実施
◆内部モニタリングの結果を首長に報告、議会・住民等に報告・公表
◆監査委員において、独立的評価の実施
◆監査委員の評価結果を首長に報告、議会・住民等に報告・公表

ACTION
◆首長において、内部モニタリング結果及び監査委員の指摘を踏まえ、基本方針等の見直しや個別の業務プロセスの・体制の改善を指示
◆各部局において、首長の支持を踏まえ、業務プロセスや体制を改善

●大和銀行巨額損失事件
2000年9月、大和銀行の巨額損失事件をめぐる株主代表訴訟で、大阪地裁は取締役と監査役11名に対し829億円の賠償責任を認めました。この判決の中で裁判所は「健全な会社経営を行うには、リスク管理体制（内部統制システム）を整備することを要する」としたのです。

これを契機に、商法および会社法が改正され、「法令への適合や業務の適正を確保する体制（内部統制システム）の構築」が求められるようになりました。

2004年には、西武鉄道における「有価証券報告書偽造事件」が発覚。2006年6月に金融商品取引法（J―SOX法）が成立し、すべての上場企業は、内部統制報告書を作成するとともに、公認会計士・監査法人による監査が義務づけられました。

●自治体における内部統制
自治体でも資金の不適切な取り扱い（裏金）や、工事発注をめぐる不正、飲酒運転による交通事故といった不祥事が、相次いで表面化し、地域住民の信頼を大きく揺るがす結果となったことがきっかけになりました。

宝くじ

　庶民の夢として愛され、親しまれている「宝くじ」。年間発売額は全国で1兆円を超えていましたが、最近は減少傾向にあり2020年度は8160億円でした。

　この売上金のうち47％が当せん金に、16％が売さばき手数料、印刷代、広報費などの経費に充てられ、残る37％が地方自治体の収益金となります。大規模装置を必要とする競輪、競馬の払戻金が75％ですから、自治体にとって宝くじほど効率の良い稼ぎ口はないのです。

　日本の宝くじの起源である「富くじ」は江戸時代初期、摂津箕面の龍安寺で福運のお守りを授けたのが発祥とされています。お守りが金銭にかわり、富くじが氾濫するようになると幕府はこれを禁止しました。ただし、修復費用などの調達に苦慮していた寺社仏閣には、特例で富くじの発売を許しました。これを天下御免の「御免富」と呼びますが、中でも谷中の感応寺、目黒の龍泉寺、湯島天神は「江戸の三富」として有名だったようです。

　一攫千金の夢を集めたこの御免富も、偽物の流行、非合法な「陰富」など不正が相次ぐに至り、時の老中、水野忠邦によって禁止されてしまいます（天保の改革）。富くじの禁止は明治以降も続きますが、1945年10月、戦後の復興資金に充てるため政府が発売したのが第一回の「宝くじ」です。現在、この「政府くじ」は廃止され、宝くじを発売できるのは「当せん金付証票法」に定められた全国都道府県と政令指定都市だけとなりました。当時、政府は、この「地方宝くじ」について当分の間は維持するが、政府くじの廃止の趣旨に則り、なるべく早い時期に廃止するとしていました。宝くじは、刑法187条（富くじの禁止）の例外だからです。

　さて、良くも悪くも宝くじの収益金は発売元の都道府県と政令指定都市の収入となり、その一部は「市町村振興補助金」として市町村にも分配されます。問題はその使い道です。収益金の多くは道路、橋りょう、公営住宅、教育、福祉施設の建設等に使われますが、財源が宝くじだからといって野放図に許すと、庶民の夢を食べてしまうバクになりかねません。

章

急激な人口減少と少子高齢化で
下振れする歳入

歳入の内訳

●歳入内訳でわかる依然として苦しい自主財源

区分	2019年度歳入決算の状況			
	都道府県		市町村	
地方税	20,703,561	40.7	20,507,890	33.4
地方譲与税	2,184,808	4.3	429,033	0.7
地方特例交付金等	155,782	0.3	312,488	0.5
地方交付税	8,631,283	17.0	8,107,964	13.2
市町村たばこ税都道府県交付金	852	0.0	—	—
利子割交付金	—	—	18,537	0.0
配当割交付金	—	—	99,004	0.2
株式等譲渡所得割交付金	—	—	58,238	0.1
分離課税所得割交付金	—	—	7,009	0.0
道府県民税所得割臨時交付金	—	—	—	—
地方消費税交付金	—	—	2,275,552	3.7
ゴルフ場利用税交付金	—	—	30,000	0.0
特別地方消費税交付金	—	—	0	0.0
自動車取得税交付金	—	—	73,444	0.1
軽油引取税交付金	—	—	128,968	0.2
自動車税環境性能割交付金	—	—	22,348	0.0
小　計　（一般財源）	31,676,286	62.2	32,070,475	52.2
分担金・負担金	279,117	0.5	596,244	1.0
使用料・手数料	849,999	1.7	1,319,124	2.1
国庫支出金	5,925,184	11.6	9,860,248	16.1
交通安全対策特別交付金	28,245	0.1	20,703	0.0
都道府県支出金	—	—	4,165,931	6.8
財産収入	220,280	0.4	413,835	0.7
寄附金	20,199	0.0	533,003	0.9
繰入金	1,503,625	3.0	2,251,181	3.7
繰越金	1,399,866	2.7	1,706,278	2.8
諸収入	3,410,268	6.7	2,074,053	3.4
地方債	5,600,896	11.0	5,294,787	8.6
特別区財政調整交付金	—	—	1,099,226	1.8
歳入合計	50,913,965	100.0	61,405,088	100.0

自治体の歳入は財源運営の中心となる地方税が約４割。これに対し地方交付税、国庫支出金、地方債などの依存財源も４割を占めており、財政自主権の確立が長く叫ばれながら進んでいません。

単位：百万円・%		
純計額		
41,211,450	39.9	＊
2,613,842	2.5	
468,271	0.5	
16,739,246	16.2	
－	－	
－	－	
－	－	
－	－	
－	－	
－	－	
－	－	
－	－	
－	－	
－	－	
61,032,809	59.1	
515,966	0.5	＊
2,169,123	2.1	＊
15,785,432	15.3	
48,948	0.0	
－	－	
634,115	0.6	＊
553,105	0.5	＊
3,754,806	3.6	＊
3,106,143	3.0	＊
4,774,885	4.6	＊
10,870,548	10.5	
－	－	
103,245,881	100.0	

＊は自主財源
全体で54.8%

●一般財源と特定財源
財源は使い道に制限のない一般財源と、使い道が限定されている特定財源とに分類することができます。

●自主財源と依存財源
財源は自治体が自らの権能で収入できる自主財源と、国や他の自治体から交付される依存財源に分類することができます。

●純計額
都道府県が収入し市区町村へ交付する（あるいはその逆の）重複計上を控除した額です。

歳入の動向

●近年の歳入額の推移

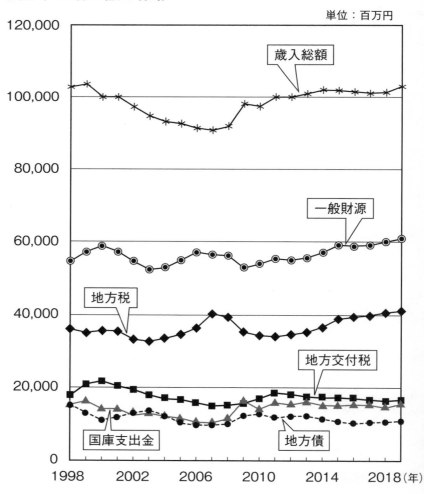

単位：百万円

歳入総額（決算額）は 2008 年度、リーマンショック後の国の経済対策や生活保護の増加により国庫支出金が増加したため、増加に転じました。その後は、地方税の増加により緩やかな増加傾向にあります。

●歳入の内訳

地方税　　2007年度以降、景気の悪化や地方法人特別税の創設等に伴って減少していましたが、2012年度以降は増加に転じています。

地方交付税　三位一体改革（2004～2006年、第7章の2参照）や、財源不足に対する臨時財政対策債の発行など、地方交付税制度の見直し等により2009年度まで減少していました。その後、地方財政対策により一時増加しましたが、2013年度以降は地方税の増加によって減少傾向にあります。

国庫支出金　三位一体改革による国庫支出金の一般財源化、普通建設事業費の減少等により2007年度まで減少していました。その後、国の経済対策、東日本大震災への対応等により一時増加しましたが、現在は横ばいで推移しています。

地方債　　普通建設事業費の減少に伴い一貫して減少傾向にありましたが、臨時財政対策債の発行により2009年度ごろ一時増加に転じました。近年は臨時財政対策債の減少等により、横ばいで推移しています。

一般財源　2007年度以降、景気の悪化や地方法人特別税の創設等に伴う地方税の減少により減少していましたが、2010年度以降は地方税の増加と「地方一般財源総額実質同水準ルール」（第7章の6参照）により増加に転じています。

地方税

●地方税収納状況の内訳とその額

2019年度地方税の収納状況（市町村）	単位：百万円・%	
区　　　　　分	収　入　額	構成比
1　普通税	21,133,801	92.4
(1)　法定普通税	21,131,467	92.4
ア　市町村民税	10,720,345	46.9
(ア)　個人均等割	225,147	1.0
(イ)　所得割	8,099,988	35.4
(ウ)　法人均等割	445,686	1.9
(エ)　法人税割	1,949,524	8.5
イ　固定資産税	9,286,049	40.6
(ア)　純固定資産税	9,198,802	40.2
土地	3,485,345	15.2
家屋	3,957,813	17.3
償却資産	1,755,643	7.7
(イ)　交付金	87,247	0.4
ウ　軽自動車税	269,231	1.2
エ　市町村たばこ税	853,879	3.7
オ　鉱産税	1,770	0.0
カ　特別土地保有税	192	0.0
(2)　法定外普通税	2,334	0.0
2　目的税	1,733,994	7.6
(1)　法定目的税	1,726,954	7.6
ア　入湯税	22,498	0.1
イ　事業所税	386,702	1.7
ウ　都市計画税	1,317,728	5.8
エ　水利地益税	25	0.0
(2)　法定外目的税	7,041	0.0
3　旧法による税	—	—
合計	22,867,795	100.0

市町村は、住民税と固定資産税の割合が高く比較的安定しているのに対し、都道府県の主たる税は、法人関係二税で、景気変動を受けやすい財政体質です。

2019年度地方税の収納状況（都道府県）　単位：百万円・%		
区　　　　　分	収　入　額	構成比
1 普通税	18,331,562	99.9
（1）　法定普通税	18,285,177	99.7
ア　道府県民税	5,661,125	30.9
（ア）　個　人　分	4,809,631	26.2
（イ）　法　人　分	821,198	4.5
（ウ）　利　子　割	30,295	0.2
イ　事業税	4,596,553	25.1
（ア）　個　人　分	211,433	1.2
（イ）　法　人　分	4,385,121	23.9
ウ　地方消費税	4,795,548	26.1
（ア）　譲　渡　割	3,522,602	19.2
（イ）　貨　物　割	1,272,946	6.9
エ　不動産取得税	404,198	2.2
オ　道府県たばこ税	139,535	0.8
カ　ゴルフ場利用税	43,075	0.2
キ　自動車取得税	103,867	0.6
ク　軽油引取税	944,814	5.2
ケ　自動車税	1,588,140	8.7
コ　鉱区税	327	0.0
サ　固定資産税	7,995	0.0
（2）　法定外普通税	46,385	0.3
2　目的税	12,050	0.1
（1）　法定目的税	767	0.0
ア　狩猟税	767	0.0
（2）　法定外目的税	11,283	0.1
3　旧法による税	43	0.0
合　　　　　計	18,343,655	100.0

地方譲与税・交通安全対策特別交付金

●地方譲与税のしくみと種類

市民・法人など　納税　国　譲与　都道府県区市町村

2009年度〜（旧地方道路譲与税）

税目	譲与総額	譲与団体
地方揮発油譲与税 （地方揮発油譲与税法）	地方揮発油税収入額	都道府県 区市町村
石油ガス譲与税 （石油ガス譲与税法）	石油ガス税の1／2	都道府県 指定市
特別とん譲与税 （特別とん譲与税法）	特別とん税収入額	開港所在市町村
自動車重量譲与税 （自動車重量譲与税法）	自動車重量税収入額の1／3	区市町村
航空機燃料譲与税 （航空機燃料譲与税法）	航空機燃料税収入額の2／13	空港関係都道府県 空港関係区市町村
地方法人特別譲与税 （地方法人特別税等に関する暫定措置法32条）	地方法人特別税収入額	都道府県
森林環境譲与税 （2019年〜）	森林環境税収入額	都道府県 区市町村

◆税制の抜本的な改革において偏在性の小さい地方税体系の構築が行なわれるまでの措置。

2009年度〜

	交付総額	交付団体
交通安全対策特別交付金	交通反則金収入額－経費	都道府県 区市町村

地方譲与税は本来、自治体の財源ですが、税源の偏在、課税技術上の理由から、いったん国税として徴収し、これを客観的な基準によって自治体へ配分（譲与）するものです。2009年度から都道府県税である法人事業税の一部が地方法人特別税（国税）とされ、その全額が地方法人特別譲与税として都道府県に再配分されることになりました。2019年には森林整備のため森林環境税（1人年額千円）を原資とした森林環境譲与税が新設されました。

一般財源扱い　　◆地方揮発油譲与税には、地方交付税（第8章の6参照）の不交付団体に対する譲与制限があります。

地方交付税との違いは客観的基準で配分されるところ

譲与の基準	使途
道路の延長・面積	道路に関する費用 →制限なし2009年度〜
国道・都道府県道の延長・面積	道路に関する費用 →制限なし2009年度〜
入港にかかわる特別とん税収入額	制限なし
区市町村道の延長・面積	道路に関する費用 →制限なし2009年度〜
着陸料収入額、騒音地区内世帯数	航空機の騒音により生ずる障害の防止対策、空港及びその周辺の整備等制限なし
人口、従業者数	制限なし
私有林・人工林面積・林業就業者数・人口	森林整備その促進費用　市町村の支援等の費用

交付の基準	使途
交通事故発生件数、人口集中地区人口、改良済道路延長	信号機、道路標識、横断歩道橋の設置等

地方特例交付金・特別交付金

〔関係条文等〕地方特例交付金等の地方財政の特別措置に関する法律

●地方特例交付金等の種類

個人住民税減収補てん 特例交付金

◆2008年度～個人住民税における住宅借入金等特別控除（住宅ローン減税）の実施に伴う自治体の減収分を補てんするため交付される。

自動車税減収補てん 特例交付金

軽自動車税減収補てん 特例交付金

◆2019年度～自動車税の環境性能割及び軽自動車税の環境性能割の臨時的軽減による減収を補てんするため交付される。

新型コロナウイルス感染症 対策地方税減収補てん特例 交付金

◆2021年度～新型コロナウイルス感染症及びそのまん延防止のための措置の影響により軽減した、固定資産税及び都市計画税の減収を補てんするために交付される。

1999年度の恒久的な減税に際し、地方税の減収の一部を補てんするために設けられた制度です。その後、三位一体の改革による国庫補助負担金の見直しに伴う拡充、廃止、税源移譲予定交付金の創設、廃止など変遷を重ね、2021年度、現存するのは4種類です。

●地方特例交付金等のしくみ

市民・法人など

将来の税

国

自治体

減税・手当

地方特例交付金等

都道府県
区市町村

一般財源扱い

◆地方交付税（第8章の6
　参照）の交付、不交付に
　かかわらず交付される。

地方交付税

〔関係条文等〕地方交付税法

●地方交付税のしくみ

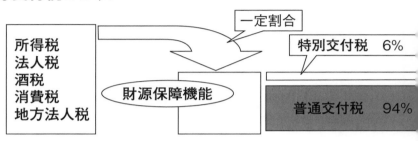

●地方交付税の内訳

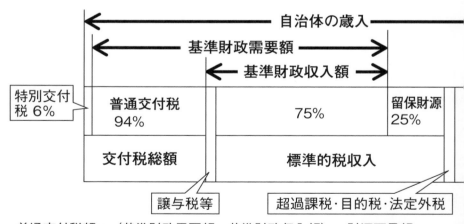

普通交付税額＝（基準財政需要額－基準財政収入額）＝財源不足額
基準財政需要額＝単位費用（法定）×測定単位（国調人口等）×補正係数
基準財政収入額＝標準的税収入見込額×基準税率（75%）＋地方譲与税等

◆**特別交付税**　普通交付税で補足されない個別、緊急の財政需要（地震、台風等自然災害による被害など）に対して交付されます。

ポイント　国税五税（所得税、法人税、酒税、消費税、たばこ税）の一定割合とされてきた地方交付税は、地方公共団体間の財源の不均衡を調整し、どの地域に住む国民にも一定の行政サービスを提供できるよう財源を保障するためのもので、自治体の固有財源です。2014年度から法人住民税法人税割の一部が地方法人税（国税）とされ、その全額が地方交付税の原資に加えられました。2015年には、たばこ税が除外されています。

●財源保障機能
地方交付税は、その総額が国税の一部（一定割合）として確保され、個々の自治体に対して必要な財源を保障するという財源保障機能を果たしています。

●財政調整機能
地方交付税は、自治体間に偏在する財源の均衡化を図る財政調整機能を果たし、これによってそれぞれの自治体が一定水準のサービスを提供できるようになります。

●政策誘導機能
「交付税措置する」という言葉に表されるように、地方交付税の算定には国の政策意図が入っており、これが自治体の行財政運営に大きな影響を与えることがあります。

●不交付団体
基準財政収入額が基準財政需要額を上回り、普通交付税を交付されない自治体のこと。不交付団体であっても特別交付税は交付されます。

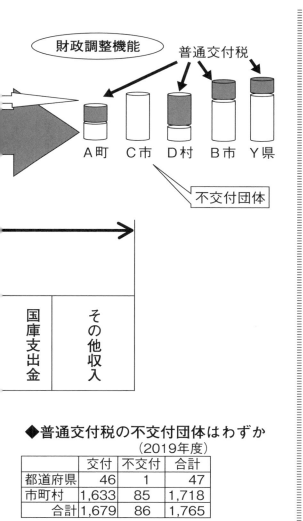

◆普通交付税の不交付団体はわずか
（2019年度）

	交付	不交付	合計
都道府県	46	1	47
市町村	1,633	85	1,718
合計	1,679	86	1,765

国庫支出金・都道府県支出金

〔関係条文等〕地財法10条〜10条の4、16条、34条

●いわゆる「ひもつき財源」の内訳は？

国庫委託金
国

◆本来、国が行うべき施策を効率性、経済性、利便性などの観点から自治体に委託して行う場合に交付（全額）される。
◆国会議員の選挙、国勢調査、国民年金事務など
◆支出は国の任意
◆地財法10条の4

国庫負担金
国　自治体

◆自治体の施策のうち、国が自治体と共同責任又は共通の利害関係のあるものに対して、経費の負担区分を定めて交付される。
◆1）　普通国庫負担金（地財法10条）
　　義務教育、生活保護、児童手当に要する経費など
　2）　建設事業費国庫負担金（同法10条の2）
　　道路、河川、港湾等の新設・改良、社会福祉施設の建設など
　3）　災害国庫負担金（同法10条の3）
　　災害救助、災害復旧など
◆支出は国の義務

国庫補助金
自治体

◆特定の施策の奨励助長、財政援助のために国から交付される。
◆街路事業、道路橋梁、公園の整備、幼稚園就園補助など
◆支出は国の任意
◆地財法16条

ポイント 　国庫支出金は国が特定の行政目的を達成するため、法令に基づきその経費の全部又は一部を負担するもので、国庫負担金、国庫委託金、国庫補助金の三種類があります。国の自治体へのコントロールが強まり、地方分権を進める阻害要因になっています。

メリット

　1　全国の行政水準を一定に保てる
　2　公共事業を計画的に実施できる
　3　災害、大規模建設事業など自治体の財政力では不可能な事業を実施できる

デメリット

　1　裏負担を含めて自治体の財政負担が重くなり独自施策の展開の余地がなくなる
　2　天下り
　3　超過負担
　4　国の縦割り行政の影響
　5　事務手続きが複雑で非効率

超過負担

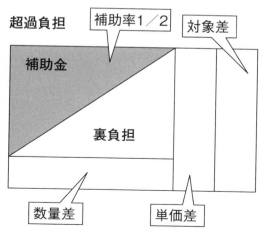

●**都道府県支出金**
国庫支出金と同様、都道府県支出金には負担金、委託金、補助金の三種類があります。

●**裏負担（補助裏）**
補助率が補助の対象の1／3のとき、自治体が調達すべき残りの2／3のことを裏負担、補助裏と呼びます。

●**超過負担**
補助基準と実際の事業費との間に生ずる差額。起債を充てることができるのも裏負担の一定割合に限られます。補助率が低く設定された場合、補助率1／2でも、実際に交付されるのは1／4ということもめずらしくありません。

●**三位一体の改革による国庫補助負担金の改革（第7章の2参照）**

地方債

〔関係条文等〕地財法５条の３等

●地方債協議制度のしくみ

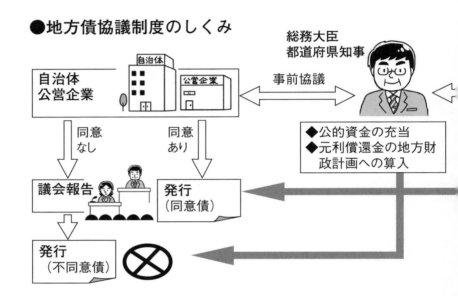

総務大臣
都道府県知事

自治体
公営企業

事前協議

◆公的資金の充当
◆元利償還金の地方財政計画への算入

同意
なし

同意
あり

議会報告

発行
（同意債）

発行
（不同意債）

●地方債を支えるしくみ

◆資金の手当て
地方債計画（地財法５条の３）

地方債の信用を維持する仕組み

◆財源の手当て
 1）地方税
 2）地方財政計画に計上
 （地財法５条の３Ⅷ、地方交付税法７条）
 3）地方交付税への元利償還金の一部算入
 （地方交付税法11条等）
◆早期是正措置（起債の許可制度への移行）
 1）実質公債費比率18％以上
 2）実質赤字比率2.5％〜10％以上
 3）標準税率未満団体
◆「地方公共団体の財政の健全化に関する法律」の施行

自治体は地方債を発行することができますが、あらかじめ予算で定めておかねばなりません（第3章の7参照）。地方債の発行は許可制でしたが、自治体の自主性を高めるため2006年度に協議制へ移行しました。しかし、地方債全体の信用を維持するため、一定額以上の赤字を出した場合など、許可を得なければ起債できないしくみになっています。

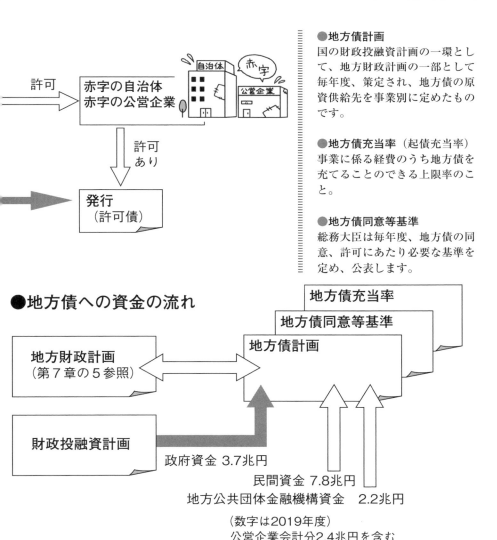

● 地方債計画
国の財政投融資計画の一環として、地方財政計画の一部として毎年度、策定され、地方債の原資供給先を事業別に定めたものです。

● 地方債充当率（起債充当率）
事業に係る経費のうち地方債を充てることのできる上限率のこと。

● 地方債同意等基準
総務大臣は毎年度、地方債の同意、許可にあたり必要な基準を定め、公表します。

● 地方債への資金の流れ

許可 → 赤字の自治体　赤字の公営企業

許可あり → 発行（許可債）

地方財政計画（第7章の5参照）

財政投融資計画

政府資金 3.7兆円

民間資金 7.8兆円

地方公共団体金融機構資金　2.2兆円

地方債計画

地方債同意等基準

地方債充当率

（数字は2019年度）
公営企業会計分2.4兆円を含む

8-9 税交付金

〔関係条文等〕地方税法

利子割交付金（地方税法71条の26）
道府県税利子割の3／5・個人の道府県民税の額であん分

配当割交付金（地方税法71条の47）
道府県税配当割の3／5・個人の道府県民税の額であん分

株式等譲渡所得割交付金（地方税法71条の67）
道府県税株式等譲渡所得割の3／5・個人の道府県民税の額であん分

地方消費税交付金（地方税法72条の115）
地方消費税の1／2・1／2を人口で1／2を従業員数であん分

ゴルフ場利用税交付金（地方税法103条）
ゴルフ場利用税の7／10・ゴルフ場利用税納入額に応じて交付

自動車取得税交付金（地方税法143条）
自動車取得税の7／10・市町村道の延長及び面積であん分

自動車税環境性能割交付金（2019年度～）（地方税法177条の6）
自動車税環境性能割収入額の47％・市町村道の延長及び面積であん分

軽油引取税交付金（地方税法144条の60）
軽油引取税の9／10・国、都道府県道の面積であん分　⟹　指定都市

分離課税所得割交付金（2018年度～）
退職所得の分離課税に係る所得割（道府県税）について税率2％相当分を交付する　⟹　指定都市

道府県民税所得割臨時交付金（2018年度）
指定都市の個人住民税の税率が変更されるまでの経過措置として税率2％相当分を交付する　⟹　指定都市

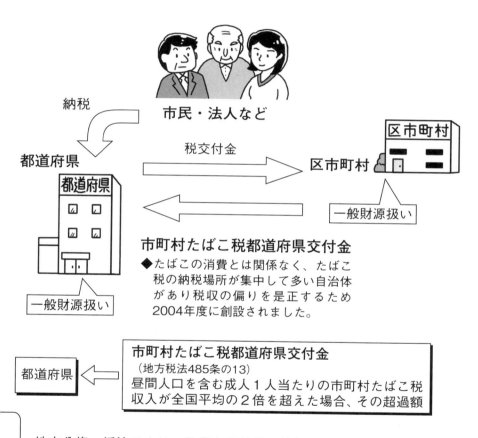

市民・法人など

納税

税交付金

都道府県

区市町村

一般財源扱い

一般財源扱い

市町村たばこ税都道府県交付金

◆たばこの消費とは関係なく、たばこ税の納税場所が集中して多い自治体があり税収の偏りを是正するため2004年度に創設されました。

都道府県

市町村たばこ税都道府県交付金
（地方税法485条の13）
昼間人口を含む成人1人当たりの市町村たばこ税収入が全国平均の2倍を超えた場合、その超過額

地方分権一括法により、県費負担教員の給与負担事務が道府県から指定都市に移譲され、道府県から指定都市への税源移譲が行われ指定都市のみ市町村民税の税率が2％引き上げられた（都道府県民税は2％引き下げられた）

8-10 分担金・負担金

〔関係条文等〕自治法 224 条、228 条等

●分担金のしくみ

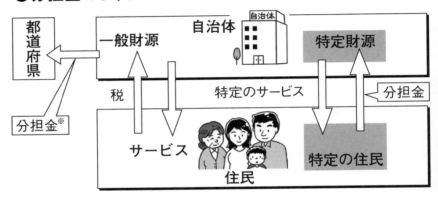

分担金と税金との違い

◆特定の事業に関して特定の受益者から徴収される。
◆特定目的のため特定財源として当該事業に充当される。
◆利益を受ける限度を超えて徴収できない。

分担金と税金との類似点

◆条例で定めなければならない（自治法224条）。
◆住民の個別的な合意を必要としない応益的な性格を持っている。
◆地方税の滞納処分の例により処分することができる。

分担金の事例

◆土地改良事業費分担金
◆農業用施設災害復旧事業費分担金
◆防災ダム事業費分担金
◆鉱害対策事業費分担金
◆地盤変動対策事業費分担金
◆災害耕地復旧事業費分担金
◆簡易水道の敷設
◆集会所の建設、維持管理

> 不均一課税、水利地益税、共同施設税を課している事業の場合は分担金を徴収できないほか制限はない（自治令153条）。

ポイント　自治体が特定の事業を行うとき、その経費の全部又は一部に充てるため、その事業の実施により特に利益を受ける者などに対し分担金を求めることができます。住民から強制的に徴収することから、法令等の根拠を要し、自治体は条例の定めにより分担金を求めることができます。一方、自治法に規定のない負担金は個々の法律の規定によって徴収されます。

●負担金の例

受益者負担金

◆福祉サービスの受給に関して受給者本人又は扶養義務者から徴収する費用の全部又は一部（身体障害者福祉法・老人福祉法・知的障害者福祉法など）

◆児童福祉法による保育料

◆生活保護法による扶養義務者から徴収する費用の全部又は一部

◆都市計画法による受益者負担金

◆下水道事業費負担金

◆道路補修負担金

●都道府県に対する分担金
（地財法 27 条）
都道府県の行う土木その他の建設事業（高等学校の施設の建設事業を除く）について、都道府県はその建設事業による受益の限度において、市町村に対し、経費の一部を負担させることができます。

※分担金の根拠法は、
　◆地財法
　◆道路法
　◆砂防法
　◆河川法
　◆海岸法
　◆土地区画整理法
　　　　　　など

●使用料・手数料の役割

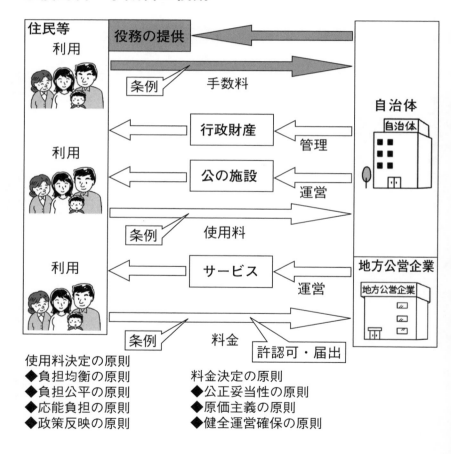

使用料決定の原則
◆負担均衡の原則
◆負担公平の原則
◆応能負担の原則
◆政策反映の原則

料金決定の原則
◆公正妥当性の原則
◆原価主義の原則
◆健全運営確保の原則

自治体は行政財産の目的外使用、公の施設の利用について使用料を徴収することができます。地方公営企業が徴収する水道、電気、ガス料金、鉄道、バス運賃なども使用料です。また、自治体は特定の者のためにする事務について手数料を徴収することができます。
　使用料、手数料はいずれも条例で定めなくてはなりません。

●使用料・手数料決定の要素

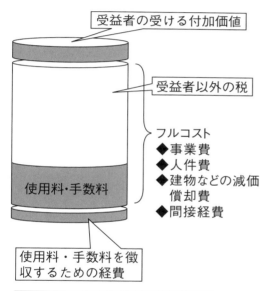

受益者の受ける付加価値

受益者以外の税

フルコスト
◆事業費
◆人件費
◆建物などの減価償却費
◆間接経費

使用料・手数料

使用料・手数料を徴収するための経費

他の自治体・地方公営企業が徴収している使用料・手数料

●手数料の統一
（自治法 228 条 I ）
自治体の行う標準的な事務について手数料を徴収する場合は、政令で定める金額を標準として条例を定めなければなりません。

●証紙による収入の特例
（自治法 231 条の 2 I 、II ）
使用料又は手数料の徴収については、条例の定めるところにより、証紙による収入の方法によることができます。この場合においては、証紙の売りさばき代金をもって歳入とします。

●徴収・収納事務の委託
（自治令 158 条 I ）
次に掲げる歳入については、その収入の確保及び住民の便益の増進に寄与すると認められる場合に限り、私人にその徴収又は収納の事務を委託することができます。
1　使用料
2　手数料
3　賃貸料
4　物品売払代金
5　寄附金
6　貸付金の元利償還金
7　延滞金・遅延損害金

その他の歳入

●「その他の歳入」の代表例

財産収入

◆財産（行政財産を除く）の貸付け、私権の設定、出資、交換、売り払いなどによって生ずる利益

◆普通財産の貸付収入、売払代金、預金利子、株式配当金など

> 重要な案件については議決が必要です。
> 自治法96条Ⅰ⑥

寄附金

◆使途を特定しない一般寄附金と使途を特定する指定寄附金とがあります。

◆金銭に限ります。

> 施設の建設のような条件を義務付け、義務不履行の場合は寄附を解除する負担付贈与には、議決が必要です。
> 自治法96条Ⅰ⑨

諸収入

◆どの款にも属さない収入。

◆延滞金、過料、預金利子、貸付金元利収入、受託事業収入、広告掲載料、雑入（弁償金、滞納処分費、その他）

ポイント　財産収入と寄附金には予算とは別に議決を要するものがあるので注意が必要です。繰入金と繰越金は会計処理を行うための款です。

繰入金

◆会計間、もしくは基金との間での
　現金の移動。

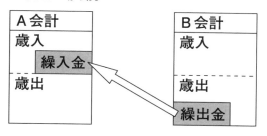

●**強制寄附の禁止**
（地財法４条の５）
国は自治体又はその住民に対
し、自治体は他の自治体又は住
民に対し、寄附金（これに相当
する物品等を含む）を割り当て
て強制的に徴収することはでき
ません。

●**特別区財政調整交付金**
東京都の特別区における財政調
整制度による交付金です。

繰越金

◆決算の結果生じる剰余金を翌年度の財源として繰り越すものです
　（自治法233条の2）。
◆決算後、補正予算で計上することになりますが、当初予算で見
　込むこともあります。

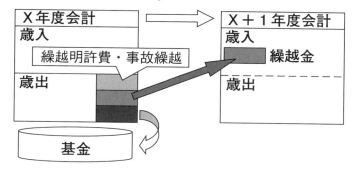

OODAループ

　Plan（予算をつくり）、Do（予算を執行し）、Check（決算で評価し）、Action（次の予算に反映する）、このPDCAサイクルには2つの欠点があります。

①スピードが遅い

　PDCAサイクルを回すには精緻な計画が必要なので、計画策定に多くの時間と労力がかかります。計画策定中に状況が変わることもあります。また、評価結果を次の予算に反映するまで、どんなに早く回しても1年かかります。Plan（計画）、Delay（遅延）、Cancel（取消）、Apologize（謝罪）と揶揄されています。

②イノベーションが起きない

　想定外のことが起きる非定型業務や新規事業など、しっかりした計画がなく、評価基準が曖昧な事業ではPDCAサイクルそのものが回りません。自治体の仕事の中には、目標はあるが確固たる手段や計画がなく、試行錯誤を繰り返す事業もあるはずです。こうした事業がなければ自治体行政に進歩はありません。

　そういうわけで、進歩が遅く、進化を求めない役所のPDCAサイクルは、ガラパゴス状態になる危険性があります。一方、PDCAサイクルだけでは生き残れない民間企業の間で導入されているのがOODA（ウーダ）ループです。

OODAループとは、みる（Observe）、わかる（Orient）、きめる（Decide）、うごく（Act）のループです。

Observe……先入観や予断を排し、相手（自分以外の外部状況）をよく観察しデータを集めます。

Orient……観察して得たデータを判断できる情報に換え、何が起きているのか理解します。

Decide……理解した状況に対応した具体的な行動プランを決定します。

Act……決定したプランを実行しObserveに戻ります。このループを何度も素早く繰り返し目標に近付くのです。

　現段階で、OODAループが行政評価に支えられた予決算のPDCAサイクルに取って代わるとは思えません。しかし、あなたの組織でPDCAが回らないのは、想定外の事態が起きているからではありませんか？もしDoの中の、あなたの裁量に任された部分にOODAループを使ってみましょう。計画を起点としない日々の仕事や生活の中で判断に迷ったときにも、OODAループは素早く解決の糸口を与えてくれるでしょう。

9 章

安定的な行政サービスの提供と
肥大化する歳出

款項目の区分

〔関係条文等〕自治法 216 条、自治令 150 条Ⅰ③、Ⅱ、自治則 15 条

款
　項
　　目

1 議会費
　1 議会費
　　1 議会費
　　2 事務局費
2 総務費
　1 総務管理費
　　1 一般管理費
　　2 文書広報費
　　3 財政管理費
　　4 会計管理費
　　5 財産管理費
　　6 企画費
　　7 支所出張所費
　　8 公平委員会費
　　9 恩給及び退職年金費
　2 徴税費
　　1 徴税総務費
　　2 賦課徴収費
　*市町村振興費
　　1 市町村連絡調整費
　　2 自治振興費
　3 戸籍住民基本台帳費
　　1 戸籍住民基本台帳費
　4 選挙費
　　1 選挙管理委員会費
　　2 選挙啓発費
　　3 ○○選挙費
　*防災費
　　1 防災総務費
　　2 消防連絡調整費
　5 統計調査費
　　1 統計調査総務費
　　2 ○○統計費
　*人事委員会費
　　1 委員会費
　　2 事務局費
　6 監査委員費
　　1 監査委員費
　*2 事務局費

3 民生費
　1 社会福祉費
　　1 社会福祉総務費
　　2 社会福祉施設費
　　*身体障害者福祉費
　　*障害者福祉費
　　*老人福祉費
　　*遺家族等援護費
　　*国民健康保険連絡調整費
　2 児童福祉費
　　1 児童福祉総務費
　　2 児童措置費
　　3 母子福祉費
　　4 児童福祉施設費
　3 生活保護費
　　1 生活保護総務費
　　2 扶助費
　　3 生活保護施設費
　4 災害救助費
　　1 災害救助費
4 衛生費
　1 保健衛生費
　　1 保健衛生総務費
　　2 予防費
　　3 環境衛生費
　　4 診療所費
　　*衛生研究所費
　*環境衛生費
　　1 環境衛生総務費
　　2 食品衛生指導費
　　3 環境衛生指導費
　*保健所費
　　1 保健所費
　*医薬費
　　1 医薬総務費
　　2 医薬費
　　3 保健師等指導監理費
　　4 薬務費
　2 清掃費
　　1 清掃総務費
　　2 塵芥処理費
　　3 し尿処理費

5 労働費
　1 失業対策総務費
　　1 失業対策総務費
　　2 一般失業対策事業費
　2 労働諸費
　　1 労働諸費
　*労政費
　　1 労政総務費
　　2 労働教育費
　　3 労働福祉費
　*職業訓練費
　　1 職業訓練総務費
　　2 職業訓練校費
　*労働委員会費
　　1 委員会費
　　2 事務局費
6 農林水産業費
　1 農業費
　　1 農業委員会費
　　2 農業総務費
　　3 農業振興費
　　*農作物対策費
　　*植物防疫費
　　*農業協同組合指導費
　　*食糧管理費
　　*農業試験場費
　*畜産業費
　　1 畜産総務費
　　2 畜産振興費
　　3 家畜保険衛生費
　　4 畜産試験場費
　*農地費
　　1 農地総務費
　　2 土地改良費
　2 林業費
　　1 林業総務費
　　2 林業振興費
　3 水産業費
　　1 水産業総務費
　　2 水産業振興費
　　3 漁港管理費
　　4 漁港建設費

歳出予算はその目的に従って款・項・目に区分します。区分の基準は地方自治法施行規則で都道府県、市町村の別にそれぞれ定められていますが、自治体の実情に応じ、科目の新設、変更が可能です。ただし、款・項は議決科目ですから予算の議決が必要です。

　下記の表は市町村の経費区分に都道府県（文頭に「 ＊ 」と表記）の経費区分を加えて作成したもので、全科目を網羅したものではありません。

7 商工費
1 商工費
　1 商工総務費
　2 商工業振興費
　3 観光費
　＊ 貿易振興費
＊ 工鉱業費
　1 工鉱業総務費
　2 中小企業振興費
　3 鉄砲火薬ガス等取締費
　4 鉱業振興費
8 土木費
1 土木管理費
　1 土木総務費
　＊ 土木出張所費
　＊ 建築業指導監督費
　＊ 建築指導費
2 道路橋りょう費
　1 道路橋りょう総務費
　2 道路維持費
　3 道路新設改良費
　4 橋りょう維持費
　5 橋りょう新設改良費
3 河川費
　1 河川総務費
　＊ 河川改良費
　＊ 砂防費
　＊ 海岸保全費
　＊ 水防費
4 港湾費
　1 港湾管理費
　2 港湾建設費
5 都市計画費
　1 都市計画総務費
　2 土地区画整理費
　3 街路事業費
　4 公共下水道費
　5 都市下水路費
　6 公園費
6 住宅費
　1 住宅管理費
　2 住宅建設費

＊ **警察費**
1 警察官管理費
　1 公安委員会費
　2 警察本部費
　3 装備費
　4 警察施設費
　5 運転免許費
　6 恩給及び退職年金費
2 警察活動費
　1 一般警察活動費
　2 刑事警察費
　3 交通指導取締費
9 消防費
1 消防費
　1 常備消防費
　2 非常備消防費
　3 消防施設費
　4 水防費
10 教育費
1 教育総務費
　1 教育委員会費
　2 事務局費
　3 恩給及び退職年金費
　＊ 教職員人事費
　＊ 教育研究所費
2 小学校費
　1 学校管理費
　2 教育振興費
　3 学校建設費
3 中学校費
　1 学校管理費
　2 教育振興費
　3 学校建設費
4 高等学校費
　1 高等学校総務費
　2 全日制高等学校管理費
　3 定時制高等学校管理費
　4 教育振興費
　5 学校建設費
　＊ 通信教育費
＊ 特別支援学校費
　1 特別支援学校費

　5 幼稚園費
　　1 幼稚園費
6 社会教育費
　1 社会教育総務費
　2 公民館費
　3 図書館費
　＊ 文化財保護費
7 保健体育費
　1 保健体育総務費
　2 体育施設費
11 災害復旧費
1 農林水産施設災害復旧費
　1 ○○災害復旧費
　2 ○○施設災害復旧費
　1 ○○災害復旧費
12 公債費
1 公債費
　1 元金
　2 利子
　3 公債諸費
13 諸支出金
1 普通財産取得費
　1 ○○取得費
2 公営企業貸付金
　1 ○○公営企業貸付金
＊ 利子割交付金
　1 利子割交付金
＊ 配当割交付金
　1 配当割交付金
＊ 株式等譲渡所得割交付金
　1 株式等譲渡所得割交付金
＊ 地方消費税交付金
　1 地方消費税交付金
＊ ゴルフ場利用税交付金
　1 ゴルフ場利用税交付金
＊ 環境性能割交付金
　1 環境性能割交付金
14 予備費
1 予備費
　1 予備費

歳出の内訳（目的別）

〔関係条文等〕自治法216条、217条

区　分	2019年度歳出決算の状況			
	都道府県		市町村	
議会費	78,016	0.2	339,396	0.6
総務費	3,109,107	6.3	7,156,443	12.0
民生費	8,182,863	16.6	21,786,679	36.7
衛生費	1,581,321	3.2	4,929,797	8.3
労働費	150,799	0.3	98,296	0.2
農林水産業費	2,437,571	4.9	1,378,639	2.3
商工費	3,031,447	6.1	1,793,475	3.0
土木費	5,904,410	12.0	6,428,983	10.8
消防費	242,534	0.5	1,934,144	3.3
警察費	3,358,735	6.8	—	—
教育費	10,180,964	20.6	7,482,010	12.6
災害復旧費	590,825	1.2	475,467	0.8
公債費	6,646,472	13.5	5,527,193	9.3
諸支出金	31,657	0.1	105,534	0.2
前年度繰上充用金	—	—	260	0.0
利子割交付金	18,537	0.0	—	—
配当割交付金	99,004	0.2	—	—
株式等譲渡所得割交付金	58,238	0.1	—	—
分離課税所得割交付金	7,009	0.0	—	—
道府県民税所得割臨時交付金	—	—	—	—
地方消費税交付金	2,275,552	4.6	—	—
ゴルフ場利用税交付金	30,000	0.1	—	—
特別地方消費税交付金	0	0.0	—	—
自動車取得税交付金	73,444	0.1	—	—
軽油引取税交付金	128,968	0.3	—	—
自動車税環境性能割交付金	22,348	0.0	—	—
特別区財政調整交付金	1,099,226	2.2	—	—
歳出合計	49,339,047	100.0	59,436,314	100.0

予備費	—	—	—	—

ポイント　歳出予算を決算で見ると、都道府県では教育費が、市町村では民生費の割合が高いのが特徴です。なお、一般会計には予算外の支出又は予算超過の支出に充てるため、予備費を計上しなければなりません。ただし、特別会計にあっては、予備費を計上しないことができます。

単位：百万円・％	
純計額	
416,754	0.4
9,670,029	9.7
26,533,656	26.6
6,353,956	6.4
244,287	0.2
3,319,243	3.3
4,782,097	4.8
12,127,421	12.2
2,091,952	2.1
3,355,837	3.4
17,523,493	17.6
1,009,006	1.0
12,141,414	12.2
132,784	0.1
260	0.0
―	―
―	―
―	―
―	―
税交付金（第8章参照）―	―
旧法 ―	―
―	―
―	―
―	―
99,702,189	100.0
―	―

◆**議会費**　議員報酬や政務活動費など議会活動に要する経費。

◆**総務費**　庁舎管理、徴税、戸籍など自治体運営に不可欠な経費及び他の費目に属さない選挙に要する経費など。

◆**民生費**　社会福祉、児童、老人、障害者福祉、生活保護など社会保障に要する経費。

◆**衛生費**　保健衛生やごみ処理、公害対策など生活環境を保持するための経費。

◆**労働費**　勤労者を支援するための経費。

◆**農林水産業費**　農業委員会の運営や、農林水産業の振興に要する経費。

◆**商工費**　商工業の振興、観光、企業誘致などに要する経費。

◆**土木費**　道路、公園などの建設や維持及び土地区画整理など都市計画に要する経費。

◆**消防費**　消防や災害対策に要する経費。

◆**警察費**　警察のための経費（都道府県）。

◆**教育費**　教育委員会の運営及び学校教育、生涯教育などに要する経費。

◆**災害復旧費**　災害によって生じた被害の復旧に要する経費

◆**公債費**　地方債の償還に要する経費。

◆**諸支出金**　普通財産の取得経費、都道府県の市町村に対する税交付金など。

◆**前年度繰上充用金**（**第9章の14参照**）

◆**予備費**（自治法217条Ⅱ）
予備費は、議会の否決した費途に充てることができません。

◆予備費は予算には計上しますが、目的の費目に充当（充用）し執行するので決算上は0となり、統計では現れません。

節の区分

〔関係条文等〕自治則15条Ⅱ

●自治法施行規則が定める「節の区分」の内容

1 報酬 議員、委員、非常勤職員の役務の対価。

2 給料 常勤の特別職、一般職の勤務の対価。

3 職員手当等 給料を補完する時間外勤務手当、管理職手当、扶養手当、住居手当、通勤手当など。

4 共済費 共済組合に対する負担金と報酬、給料に係る社会保険料など。

5 災害補償費 非常勤職員の公務災害に対する補償金など。

6 恩給及び退職年金 新共済組合法施行以前に退職した方への措置。

7 報償費 役務（サービス）の提供や施設の利用等により受けた利益に対する謝礼など。

8 旅費 公務のため、議員や職員などが旅行する際に要する経費。

9 交際費 首長などが自治体を代表し、その利益のために外部と公の交渉をするために必要な経費。

10 需用費 事務の執行上必要な経費で短期間に費消されるもの。消耗品費、燃料費、食糧費、印刷製本費、光熱水費、修繕料、賄材料費、飼料費、医療材料費など。

11 役務費 役務（サービス）の提供の代価。通信運搬費、保管料、広告料、手数料、筆耕翻訳料、保険料など。

12 委託料 外部の者と契約を結んで事務、事業を実施させるときに必要な経費。工事の設計業務、建物の管理、調査・研究など。

13 使用料及び賃借料 不動産、自動車・機械等の借上げ、物品や権利の使用の対価として必要な経費。

14 工事請負費 土木工事、建築工事、船舶等の製造、工作物の移転・除去などに要する経費。

15 原材料費 自ら実施する工事、工作に必要な原材料の購入、工事請負者に対して支給する原材料の購入に必要な経費。

16 公有財産購入費 土地、建物など公有財産として必要な不動産や権利を購入するための経費。

17備品購入費　形状・性質を変えることなく比較的長期にわたって継続して使用できる物品（備品）を購入するための経費。

18負担金、補助及び交付金
法令又は契約に基づいて負担しなければならない経費や、特定の事業や研究等を促進するために支出する補助金など。

19扶助費　生活保護法、児童福祉法などの法律又は条例等に基づき被扶助者に対して支出する経費。

20貸付金　公益法人や個人などに金銭を貸し付けるもの。

21補償、補てん及び賠償金
行政活動により生じた損失の補償、自治体が被った欠損の補てん、繰上充用金、他人の権利を侵害し損害を与えた場合の賠償金など。

22償還金利子及び割引料　地方債の元利償還金、還付加算金など。

23投資及び出資金　債権及び株式を取得するための経費や、財団法人の設立に必要な出捐金など。

24積立金　特定目的のための資金の積立てを内容とする基金などに支出する経費。

25寄附金　公益の必要がある場合に、相当の反対給付を受けることなく支出する経費。

26公課費　公租公課（税金）

27繰出金　一般会計と特別会計又は特別会計相互間において、過不足を補うことを目的として支出するために必要な経費や、定額資金運用を目的とする基金に対する経費。

●細節
執行を統制管理する必要などの理由から、節をさらに細区分することができます。
これを細節といいます。

●賃金の削除
これまで臨時職員の労務の対価は「賃金」から支出していましたが、地公法の改正により大部分の臨時職員が一般職非常勤職員（会計年度任用職員）となったため、「報酬」か「給料」の節を使うことになりました。また、それ以外の労働者性の低い臨時職員は、「報償費」か「委託料」などの節を使って経理します。

歳出の動向（目的別）

●歳出予算の目的別構成比（%）の推移

(費目) ＼ (年)	1998	2008	2009	2010	2011	2012	2013	2014
議会費	0.6	0.5	0.4	0.4	0.5	0.5	0.4	0.4
総務費	8.6	9.9	11.2	10.6	9.6	10.3	10.3	10.0
民生費	13.4	19.9	20.6	22.5	23.9	24.0	24.1	24.8
衛生費	6.6	6.0	6.2	6.1	7.0	6.2	6.1	6.2
労働費	0.5	0.7	1.0	0.9	1.0	0.8	0.6	0.4
農林水産業費	6.4	3.7	3.7	3.4	3.3	3.3	3.6	3.4
商工費	6.2	5.9	6.8	6.8	6.8	6.4	6.1	5.6
土木費	21.9	14.4	13.8	12.6	11.6	11.7	12.4	12.2
消防費	1.9	2.0	1.9	1.9	1.9	2.0	2.0	2.2
警察費	3.4	3.7	3.4	3.4	3.3	3.3	3.2	3.2
教育費	18.6	18.0	17.1	17.4	16.7	16.7	16.5	16.9
公債費	10.8	14.6	13.4	13.7	13.3	13.5	13.4	13.5
その他	1.1	0.7	0.5	0.3	1.1	1.3	1.3	1.2
歳 出 合 計	100	100	100	100	100	100	100	100

●代表的な費目の構成比の推移

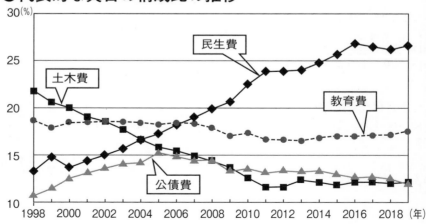

ポイント

　目的別歳出の動向（決算の構成比）を見ると、民生費が直線的に増加し、これに反比例するように土木費が減少し、2004年ごろからその占める割合が完全に逆転してしまいました。2016年ごろから民生費、土木費ともに横ばいで推移しており、このつじつま合わせも限界にきていることがわかります。

2015	2016	2017	2018	2019
0.5	0.4	0.4	0.4	0.4
9.8	9.1	9.3	9.5	9.7
25.7	26.8	26.5	26.2	26.6
6.4	6.4	6.4	6.4	6.4
0.4	0.3	0.3	0.3	0.2
3.3	3.2	3.4	3.3	3.3
5.6	5.3	5.0	4.9	4.8
11.9	12.2	12.2	12.1	12.2
2.1	2.0	2.0	2.0	2.1
3.3	3.3	3.3	3.4	3.4
17.1	17.1	17.2	17.2	17.6
13.1	12.8	12.9	12.6	12.1
0.8	1.1	1.1	1.7	1.2
100	100	100	100	100

●民生費

直近10年の民生費の財源内訳を見ますと国庫支出金の30%に対し、自治体の一般財源等は60〜65%にのぼっています。

国と自治体の役割（経費）分担の見直しを図るとともに自治体が独自に拡大してきた施策についても、将来にわたる財源の裏付けについて検証すべきです。

●土木費

同様に土木費の財源内訳を見ますと、国庫支出金の18%に対し、自治体の一般財源等は42%、そして地方債の発行で28%を賄っています。

土木費は道路橋りょう費、河川海岸費、都市計画費、住宅費の4つで全体の9割を占めます。

これらには住民の生命・財産にかかわる社会インフラの維持保全に必要不可欠な事業が多く含まれています。

これらを必要性、重要度、緊急性などにより仕分け、必要な財源を確保しなければなりません。

歳出の内訳（性質別）

●歳出の内訳から見える突出した義務的経費の配分

区　分	2019年度歳出決算の状況			
	都道府県		市町村	
人件費	12,552,511	25.4	9,904,303	16.7
扶助費	1,108,701	2.2	13,832,293	23.3
公債費	6,625,114	13.4	5,520,405	9.3
小計　義務的経費	20,286,326	41.1	29,257,001	49.2
普通建設事業費	7,950,206	16.1	8,163,514	13.7
ぅち 補助事業費	4,255,218	8.6	3,598,801	6.1
単独事業費	2,939,929	6.0	4,352,716	7.3
災害復旧事業費	589,465	1.2	475,284	0.8
失業対策事業費	—	—	24	0.0
小計　投資的経費	8,539,670	17.3	8,638,822	14.5
物件費	1,788,993	3.6	8,192,440	13.8
維持補修費	480,243	1.0	739,665	1.2
補助費等	13,472,771	27.3	4,414,927	7.4
積立金	1,190,226	2.4	1,754,951	3.0
投資及び出資金	144,601	0.3	232,459	0.4
貸付金	2,602,610	5.3	1,034,604	1.7
繰出金	833,606	1.7	5,171,185	8.7
前年度繰上充用金	—	—	260	0.0
小計　その他の行政経費	20,513,050	41.6	21,540,491	36.2
歳　出　合　計	49,339,047	100.0	59,436,314	100.0

ポイント　歳出決算をその性質によって分類すると義務的経費が約5割を占め、中でも人件費の割合の高いことがわかります。これは自治体のサービスが学校、消防、警察、各種施設の運営など、多くの職員を必要とするためです。

●純計額
都道府県が市町村に対し支出する（あるいはその逆の）重複計上を控除した額です。

単位：百万円・%	
純計額	
22,456,814	22.5
14,940,994	15.0
12,113,307	12.1
49,511,114	49.7
15,416,391	15.5
7,585,484	7.6
7,008,424	7.0
1,007,502	1.0
24	0.0
16,423,916	16.5
9,981,433	10.0
1,219,908	1.2
9,628,420	9.7
2,945,177	3.0
377,060	0.4
3,610,107	3.6
6,004,791	6.0
260	0.0
33,767,156	33.9
99,702,189	100.0

歳出はその性質によって義務的経費、投資的経費、その他行政経費の3つに分類されます。

◆**人件費**　議員、職員の給与、退職金など。
◆**扶助費**　児童、障害者、高齢者、生活困窮者などを支援するための経費。
◆**公債費**　地方債の償還に要する経費。
　──以上を義務的経費といいます。
◆**普通建設事業費**　道路・橋りょう、公共施設の建設などのための経費。国庫補助の有無により、補助事業、単独事業に分類します。
◆**災害復旧事業費**
◆**失業対策事業費**
　──以上を投資的経費といいます。
◆**物件費**　旅費、交際費、需用費、役務費、備品購入費、報償費、委託料、使用料及び賃借料などの消費的性質の支出。
◆**維持補修費**　公共施設等の維持管理経費。
◆**補助費等**　住民や各種団体に対する助成金や一部事務組合への負担金など。
◆**積立金**　基金への積み立て。
◆**投資及び出資金**　国債、地方債の取得、財団法人への出捐、出資に要する経費。
◆**貸付金**　住民、法人、企業などへの貸付金。
◆**繰出金**　他会計、基金に支出する経費。
◆**前年度繰上充用金**
　──以上をその他行政経費といいます。

歳出の動向（性質別）

●歳出予算の性質別構成比（％）の推移

(費目)　　　　　(年)	1998	2008	2009	2010	2011	2012	2013
人件費	27.0	27.4	24.9	24.8	24.2	23.9	22.8
扶助費	6.5	9.5	9.5	11.9	12.3	12.5	12.5
公債費	10.8	14.6	13.4	13.7	13.3	13.5	13.4
義務的経費	44.4	51.5	47.8	50.4	49.8	49.8	48.7
普通建設事業費	28.2	14.5	15.0	14.1	12.9	12.9	14.6
災害復旧事業費	0.5	0.2	0.1	0.2	0.8	1.0	0.9
失業対策事業費	0.0	0.0	0.0	0.0	0.0	0.0	0.0
投資的経費	28.8	14.7	15.1	14.2	13.7	13.9	15.5
物件費	7.8	8.3	8.3	8.5	9.1	9.1	9.2
維持補修費	1.1	1.1	1.1	1.1	1.1	1.2	1.2
積立金	1.3	3.2	4.4	3.3	4.8	4.7	4.5
その他	10.7	12.2	23.3	22.4	21.5	21.2	20.9
その他行政経費	26.8	33.8	37.1	35.4	36.5	36.3	35.8
歳出合計	100	100	100	100	100	100	100

●代表的な費目の構成比の推移

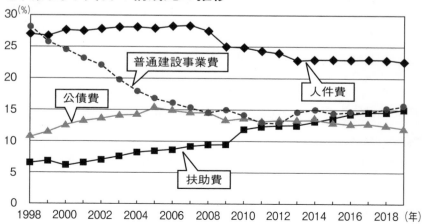

ポイント 性質別歳出予算の過去20年間の動向（構成比）を見ると、義務的経費のうち、扶助費、公債費の伸びが他に比べて著しく、投資的経費の大部分を占める普通建設事業費の削減によって、つじつまを合わせていることがわかります。

2014	2015	2016	2017	2018	2019
22.9	22.9	22.9	22.9	22.9	22.5
13.1	13.6	14.3	14.6	14.6	15.0
13.5	13.1	12.8	12.9	12.6	12.1
49.5	49.6	50.0	50.4	50.1	49.7
15.0	14.4	14.6	14.6	15.1	15.5
0.7	0.7	0.8	0.9	1.1	1.0
0.0	0.0	0.0	0.0	0.0	0.0
15.7	15.2	15.4	15.5	16.1	16.5
9.2	9.5	9.7	9.6	9.8	10.0
1.2	1.2	1.2	1.3	1.3	1.2
4.1	3.8	3.4	3.2	2.9	3.0
20.3	20.8	20.3	20.0	19.7	19.7
34.8	35.2	34.6	34.1	33.8	33.8
100	100	100	100	100	100

●義務的経費
法令の規定などによりその性質上支出が義務付けられており、任意に削減できない経費です。

●投資的経費
施設の建設など資本形成の効果が長期間にわたり持続する経費です。

●その他行政経費
義務的経費、投資的経費以外の経費です。

●義務的・投資的経費とその他行政経費の構成比の推移

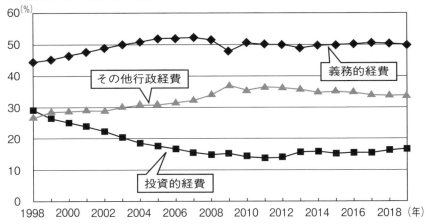

人件費

●人件費の決算額と構成比の推移

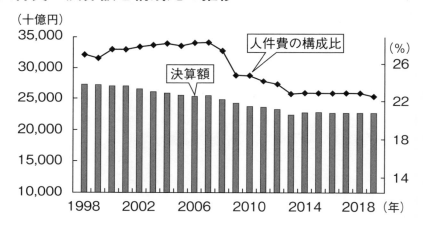

●地方公務員数の推移

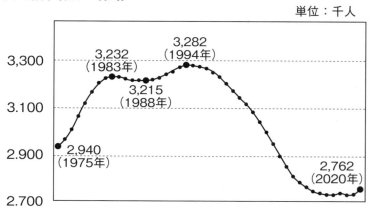

2020年4月現在、地方公務員の数は276万2千人で、1994年をピークとして約52万人減少していますが、ここ数年で増加に転じています。人件費は職員数と給与水準で総額が決まります。容易に削減できない義務的経費であることからも適正な定員管理が必要です。

なお、この定員管理計画の対象となる職員は一般職に属する常勤職員で会計年度任用職員（非常勤職員）などは含まれません。

●都道府県と市町村の職員構成の違い

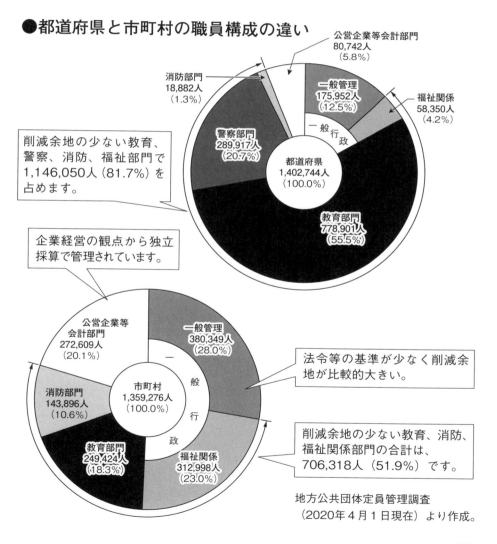

都道府県

公営企業等会計部門
80,742人
（5.8%）

一般管理
175,952人
（12.5%）

福祉関係
58,350人
（4.2%）

消防部門
18,882人
（1.3%）

警察部門
289,917人
（20.7%）

一般行政

都道府県
1,402,744人
（100.0%）

教育部門
778,901人
（55.5%）

削減余地の少ない教育、警察、消防、福祉部門で1,146,050人（81.7%）を占めます。

企業経営の観点から独立採算で管理されています。

市町村

公営企業等
会計部門
272,609人
（20.1%）

一般管理
380,349人
（28.0%）

消防部門
143,896人
（10.6%）

一般行政

市町村
1,359,276人
（100.0%）

教育部門
249,424人
（18.3%）

福祉関係
312,998人
（23.0%）

法令等の基準が少なく削減余地が比較的大きい。

削減余地の少ない教育、消防、福祉関係部門の合計は、706,318人（51.9%）です。

地方公共団体定員管理調査
（2020年4月1日現在）より作成。

●扶助費の内訳

区　　分	2019年度			
	都　道　府　県		市　　町　　村	
民生費	821,652	74.1	13,185,074	95.3
社会福祉費	240,879	21.7	3,331,222	24.1
老人福祉費	9,875	0.9	192,947	1.4
児童福祉費	387,591	35.0	6,191,057	44.8
生活保護費	178,889	16.1	3,455,159	25.0
災害救助費	4,419	0.4	14,690	0.1
衛生費	239,033	21.6	227,926	1.6
結核対策費	1,158	0.1	1,961	0.0
その他	237,875	21.5	225,965	1.6
教育費	48,005	4.3	419,289	3.0
小学校費	—	—	40,262	0.3
中学校費	8	0.0	39,337	0.3
保健体育費	181	0.0	29,827	0.2
その他	47,816	4.3	309,863	2.2
その他	11	0.0	4	0.0
合　　　　　計	1,108,701	100.0	13,832,293	100.0

●扶助費の決算額と構成比の推移

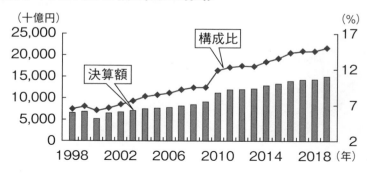

扶助費は社会保障制度の一環として生活困窮者、児童、老人、心身障害者等を援助するため、それぞれの法令に基づき支出する経費です。
　介護保険制度の実施により老人福祉費が減少したほか、支出は増加傾向にあります。

単位：百万円・％	
純　　計	額
14,006,726	93.7
3,572,101	23.9
202,822	1.4
6,578,648	44.0
3,634,048	24.3
19,109	0.1
466,959	3.1
3,119	0.0
463,840	3.1
467,294	3.1
40,262	0.3
39,345	0.3
30,008	0.2
357,679	2.3
15	0.0
14,940,994	100.0

●児童福祉費
次世代を担う子どもの育ちを支援する児童手当制度は子ども手当制度の創設によって拡充され、経費も増加していますが、拡充分については国庫負担金特例交付金が措置されています。

●生活保護費
1995年に88万人であった被保護者数は2011年に200万人を突破しました。今後も高齢化、新型コロナウイルスの感染拡大の影響で休業や解雇による失業率の上昇等により増加が見込まれ、国3／4、自治体は1／4という現行の負担割合について議論が起きています。

●社会福祉費
心身障害者福祉費や他の福祉に分類できない総合的な福祉対策に要する経費です。

●子ども手当の創設
2010年度は児童手当を拡充した子ども手当が創設され、約1.7兆円の増加。2012年度から従前の児童手当に名称が戻りました。

公債費

●地方債現在高の目的別構成比及び借入先別構成比の推移

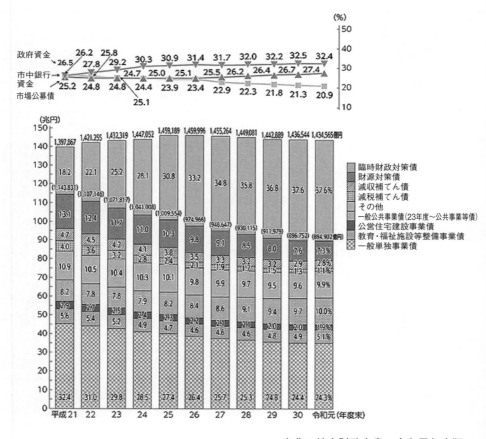

出典：地方財政白書　令和元年度版

公債費は地方債元利償還金及び一時借入金（第４章の１参照）の利子の支払いに要する経費です。2019 年度決算では、地方債元金償還金が 11 兆 6 百億円、同利子が１兆５百億円、一時借入金利子は６億円でした。2008 年をピークに近年ではゆるやかに減少しています。

●公債費の決算額と構成費の推移

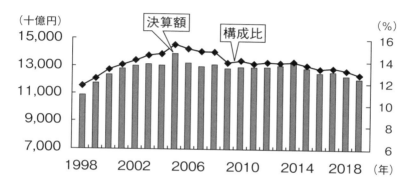

●地方債現在高
地方債現在高は 1992 年度以降、地方税収の落ち込みや減税に伴う税収の補てん、経済対策に伴う公共投資等、さらに 2001 年度からの臨時財政特例債の発行で急増しましたが、近年横ばいで推移しています。

●地方債の借入先
近年の公的資金の激減、市場化の推進等に伴い、政府資金が低下し市場公募債が上昇しています。

●借入金残高（第７章の６参照）
地方債残高に交付税特別会計借入金残高（地方負担分）、公営企業債残高（普通会計負担分）を加えた借入金残高は 2019 年度末現在 191 兆円です。

9-10 普通建設事業費

●普通建設事業費の内訳

区　分	2019年度				
	都　道　府　県		市　　町　　村		
補助事業費	4,255,218	53.5	3,598,801	44.1	
単独事業費	2,939,929	37.0	4,352,716	53.3	
国直轄事業負担金	755,058	9.5	67,425	0.8	
県営事業負担金	—	—	144,572	1.8	
合　　　　計	7,950,206	100.0	8,163,514	100.0	

●普通建設事業費の財源内訳

区　分	2019年度				
	都　道　府　県		市　　町　　村		
国庫支出金	2,241,485	28.2	1,427,829	17.5	
分担金、負担金、寄附金	145,002	1.8	39,816	0.5	
財産収入	10,397	0.1	8,186	0.1	
地方債	3,185,421	40.1	3,416,183	41.8	
その他特定財源	993,699	12.5	1,342,445	16.5	
一般財源等	1,374,202	17.3	1,929,055	23.6	
合　　　　計	7,950,206	100.0	8,163,514	100.0	

●普通建設事業費の決算額と構成比の推移

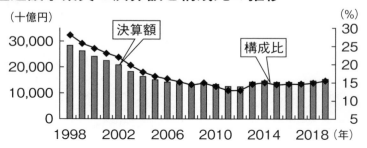

普通建設事業費は道路橋りょう、学校、庁舎等公共施設の新改築などの建設事業に要する経費です。厳しい財政状況を反映して単独事業の重点化、公共投資の削減が図られ、減少傾向が続いていましたが、東日本大震災を契機に、防災・減災意識の広まりから、近年は微増傾向にあります。

単位：百万円・%	
純　計　額	
7,585,484	49.2
7,008,424	45.5
822,483	5.3
―	―
15,416,391	100.0

単位：百万円・%	
純　計　額	
3,669,374	23.8
97,736	0.6
18,590	0.1
6,632,560	43.0
1,831,189	12.0
3,166,942	20.5
15,416,391	100.0

●**目的別内訳**
普通建設事業費の約5割が土木費ですが、都道府県では農林水産業費、市町村では教育費が多く全体でも10％を超えています。

●**補助事業費**
自治体が国からの負担金又は補助金を受けて実施する事業に要する経費です。

●**単独事業費**
自治体が国の補助等に頼らず自主的・主体的に実施する事業に要する経費です。

●**国直轄事業負担金**
国が直接実施する道路、河川、砂防、港湾等の土木事業等において法令の規定により自治体がその一部を負担する際の経費です。その約半分が橋りょう費です。

●**普通建設事業費の財源内訳**
地方債が最も大きな割合を占め、近年4割程度で推移しています。後年度負担を伴うことから計画的な事業執行が求められています。

9-11 物件費

●物件費の内訳

区　分	2019年度			
	都　道　府　県		市　　町　　村	
賃金	30,280	1.7	511,317	6.2
旅費	80,033	4.5	62,433	0.8
交際費	227	0.0	2,576	0.0
需用費	348,402	19.5	1,297,325	15.8
役務費	133,565	7.5	372,465	4.5
備品購入費	30,413	1.7	137,955	1.7
委託料	894,294	50.0	5,030,942	61.4
その他	271,779	15.1	777,427	9.6
合　　　　計	1,788,993	100.0	8,192,440	100.0

●物件費の決算額と構成比の推移

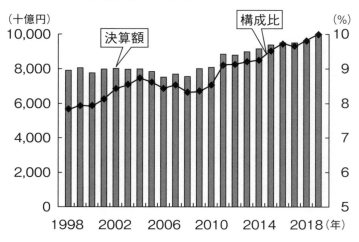

ポイント

　人件費、扶助費、維持補修費、補助費等以外の消費的経費の総称。旅費、備品購入費、需用費、役務費、委託料等が含まれます。2009年以降増加傾向にあります。

　直営の事業を民営化すれば人件費は減りますが、物件費（委託料）は増えるので改革の効果が上がるように常に注意が必要です。

単位：百万円・%	
純　　計	額
541,597	5.4
142,465	1.4
2,803	0.0
1,645,727	16.5
506,029	5.1
168,368	1.7
5,925,236	59.4
1,049,208	10.5
9,981,433	100.0

● ABC

Activity Based Costing は活動基準原価計算の略で企業や自治体で使われるコスト削減手法のひとつです。

行政サービスを人件費を含むフルコストで把握することによって、個々の事業サービスのどの部分をどう改革・改善しコスト削減に使うか、その判断基準・根拠をつくります。

また、民間委託や業務改善の結果、それぞれの効率があがったのかを客観的に示すことができます。

●賃金の削除（第9章の3）

2020年から会計年度任用職員制度の導入によりこれまで物件費に計上されていた賃金が削除され大部分が人件費に計上されることになりました。

維持補修費

●維持補修費の内訳

区　分	2019年度		市　　町　　村		
	都　道　府　県				
総務費	22,939	4.8	30,087	4.1	
衛生費	2,353	0.5	122,723	16.6	
農林水産業費	8,859	1.8	18,061	2.4	
土木費	391,899	81.6	428,476	57.9	
警察費	20,506	4.3	—	—	
消防費	5,049	1.1	10,411	1.4	
教育費	22,874	4.8	102,761	13.9	
その他	5,764	1.1	27,146	3.7	
合　　　　　計	480,243	100.0	739,665	100.0	

●維持補修費の決算額と構成比の推移

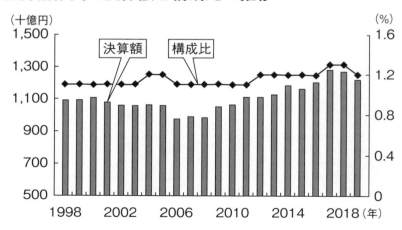

維持補修費は自治体が管理する公共施設の維持保全に要する経費です。維持補修費の内訳を目的別に見ると、道路橋りょう、公営住宅等の土木費、清掃施設等の衛生費、及び小中学校等の教育費で全体の約９割を占めています。

単位：百万円・%	
純　　計	額
53,026	4.3
125,076	10.3
26,921	2.2
820,375	67.2
20,506	1.7
15,460	1.3
125,635	10.3
32,909	2.7
1,219,908	100.0

●ライフサイクルコストのイメージ

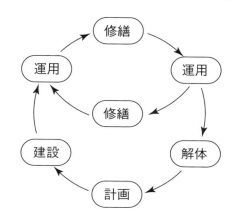

● ファシリティ・マネジメントシステム（FM）

多くの自治体が高度経済成長期につくられた建築物の老朽化、あるいは人口減少、市町村合併に伴い利用方法、状況の変わった施設の増加などにより、公共施設の維持保全に必要な費用を確保できない状況にあります。ファシリティ・マネジメントシステムはこうした自治体が保有する施設を総合的に管理・活用・処分するしくみ。老朽度、利用度、必要性などの評価をもとに建て替え、補修などの順位付けを行い、必要な費用のシュミレーションを行います。

● ライフサイクルコスト（LCC）

建物の設計、建築から維持、管理、運用、修繕、解体に至る一切の経費の合計。一般に建設費の４～５倍といわれており、ライフサイクルコストを計算に入れた施設整備計画、資金計画を立てる必要があります。

補助費等

●補助費等の内訳

区　分	2019年度		合
	都道府県	市町村	単　純
負担金、寄附金	3,108,831	711,814	3,820,644
補助交付金	9,521,644	1,659,671	11,181,315
その他	842,296	2,043,442	2,885,740
合　　　計	13,472,771	4,414,927	17,887,699
うち公営企業（法適用）に対するもの	450,446	1,418,311	

●補助費の決算額と構成比の推移

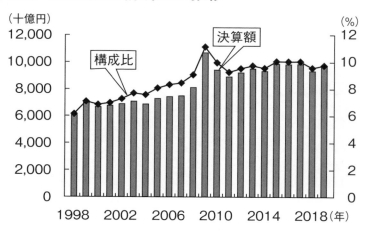

（十億円）　　　　　　　　　　　　　　　　　　　（%）

ポイント　補助費等は地方公営企業（法適用企業）に対する負担金、市町村の公営企業会計に対する都道府県の負担金、様々な団体への補助金、報償費、寄附金などです。

単位：百万円	
計	
純　計　額	
…	
…	
…	
9,628,420	
1,868,757	

●補助費等の目的別内訳

民生費が3.4兆円と最も大きく、衛生費1.2兆円、土木費1.2兆円、総務費0.9兆円となっています。公営企業に対するものについては下水道事業1兆円と病院事業0.6兆円の二事業で総額の約9割を占めています。

●補助金の見直し

自治体の交付する補助金は既得権化し、見直しの難しい経費となっています。サンセット方式（第10章の3参照）の導入や補助金見直しのための市民の目線で仕分ける等の仕組みが必要です。

●定額給付金事業

2009年度は定額給付金事業と税還付金により2兆6千億円増加しました。

その他の歳出

● 「その他の歳出」の代表例

繰出金

◆他会計への支出に要する経費です。

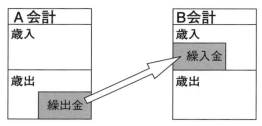

◆公営企業会計（法非適用）、国民健康保険事業会計、後期高齢者医療事業会計、介護保険事業会計などです。
◆2019年度赤字補てんは、927億円でした。

前年度繰上充用金

◆形式収支が赤字となる場合、翌年度の歳入を繰り上げて歳入不足に充てることを繰上充用といいます（自治令166条の2）。
◆繰上充用は出納整理期間中に行い、翌年度予算に補正予算として計上します。

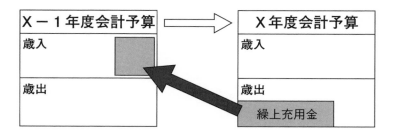

ポイント 歳出年度には、これまで見てきた科目のほかに下記の5つがあります。このうち積立金、繰出金と前年度繰上充用金は会計処理を行うための款です。

積立金

◆基金への積み立てに要する経費です。
◆2019年度末の積立金残高は23.3兆円で、その内訳は特定目的基金13.3兆円、財政調整基金7.6兆円、減債基金2.4兆円となっています。

貸付金

◆住民、法人、企業などへの貸付金に要する経費です。

投資及び出資金

◆国債、地方債の取得、財団法人への出損、出資に要する経費です。

ムーンショット

1957年10月4日、ソ連（当時）は人類初の人工衛星スプートニク1号の打ち上げに成功。同年12月6日、米国はヴァンガードＴＶ3の打ち上げを試みますが、発射2秒後に爆発し失敗。米国をはじめ西側諸国に戦慄が走りました。

東西冷戦下で宇宙開発競争に遅れをとったからです。

そこで、米国大統領ジョン・Ｆ・ケネディは「60年代が終わるまでに人間を月に送り、地球に無事帰還させる」と米国議会で演説（1961年）を行いました。人工衛星すら打ち上げられないのに、どうやって？　聴衆は、みんなそう思ったに違いありません。このときケネディが使った言葉が「ムーンショット」です。

過去の分析から未来を考える思考方法を、フォアキャスティング（積上げ思考）と言います。課題や問題点から出発するので堅実ですが、近視眼的でネガティブになりやすく、現状維持で満足しがちです。

これに対し、バックキャスティング（未来思考）は、未来のありたい夢（ビジョン）を描くので楽しく、ポジティブになれます。さらに、描いたビジョンを起点に取り組むべき課題を設定するので、現状にはないイノベーションが期待できるのです。

このバックキャスティングの典型例がムーンショットです。

ケネディの演説後、米国はNASAを設立し、国の威信をかけて科学技術の開発と理数教育の向上に力を入れます。そして、その言葉どおり、1969年7月20日、アポロ11号から切り離された月着陸船イーグルは、アームストロング船長とオルドリンの2人を月に運び、司令船コロンビアに残ったコリンズを含む3人の宇宙飛行士を乗せたアポロ11号は7月24日、太平洋に無事着水したのです。この偉業に世界中の人々が歓喜しました。

過去が現在に影響するように、未来も現在に影響する。

ドイツの哲学者ニーチェの言葉です。あなたの夢（ムーン）があなたの言動を変え、あなたの未来を変えるのです。

10章

新しい
予算編成の試み

●結果から成果重視の予算へ

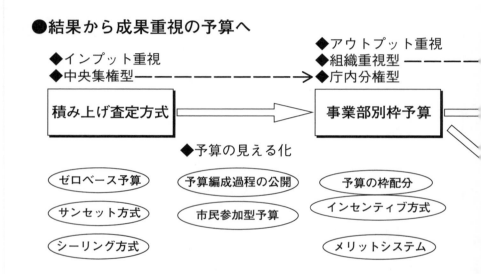

◆インプット重視
◆中央集権型 ———————→

◆アウトプット重視
◆組織重視型 ———
◆庁内分権型

積み上げ査定方式 ⟹ 事業部別枠予算

◆予算の見える化

ゼロベース予算

予算編成過程の公開

予算の枠配分

サンセット方式

市民参加型予算

インセンティブ方式

シーリング方式

メリットシステム

●単年度予算からの脱却

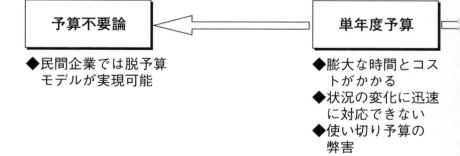

予算不要論 ⟸ 単年度予算

◆民間企業では脱予算
　モデルが実現可能

◆膨大な時間とコス
　トがかかる
◆状況の変化に迅速
　に対応できない
◆使い切り予算の
　弊害

財政部門による査定に委ねられてきた自治体の（中央集権型）予算編成は徐々にその姿を変え、分権化に至る過程で多くの手法が生まれました。その手法には一長一短があり、複数の手法を組み合わせることもあります。しかし、予算は自治体の使命、目標を達成するための手段です。そのため、行政評価を活かす業績予算や複数年度予算など、新たな取り組みが模索されています。

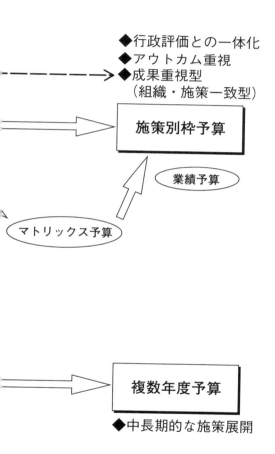

◆行政評価との一体化
◆アウトカム重視
◆成果重視型
　（組織・施策一致型）

施策別枠予算

業績予算

マトリックス予算

複数年度予算

◆中長期的な施策展開

●予算編成過程の公開
行政の透明性を高め住民への説明責任を果たすため、また、結論に至るまでのすべての情報が公開されるべきという情報公開の精神に基づき、予算編成過程の公開に踏み切る自治体が増えています。自治体の最重要計画である予算を利害関係者との調整ばかりでなく、議会や（利害に関係のない）大多数の納税者の声を聴き、調製することは予算の内容そのものに大きな影響を与えます。

●予算不要論
民間企業の中には、売上げと経費の予測を短期的なサイクルで見直し、予算をつくらない経営手法で業績を伸ばしているところがあります。脱予算経営、予算レス経営などといいます。
自治体の運営は法令で予算主義が求められており、同じようなことはできませんが、予算の編成に時間やコストがかかることは認識すべきです。

10-2 ゼロベース予算

●従来の増分予算方式とゼロベース予算の比較

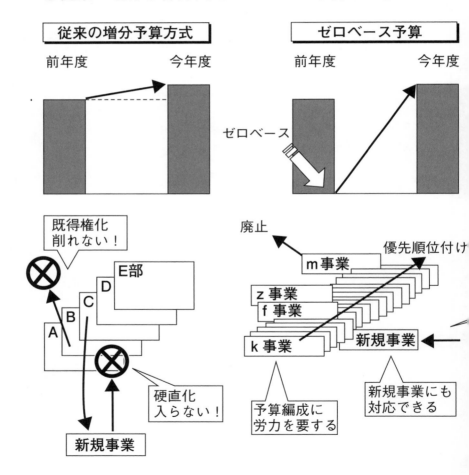

従来の増分予算方式 | ゼロベース予算

前年度　　　今年度　　　前年度　　　今年度

ゼロベース

既得権化
削れない！

E部
D
C
B
A

硬直化
入らない！

新規事業

廃止

m事業

z事業
f事業

k事業

新規事業

優先順位付け

予算編成に
労力を要する

新規事業にも
対応できる

ポイント　　過去の実績ではなく、予算の各事業の計画をゼロから積み上げ策定する予算編成方式です。既存の事業、新規の事業の別なく、一定の基準に従って優先順位をつけ予算を配分します。

◆優先順位の基準
　必要性
　緊急性
　費用対効果
　その事業を廃止したときの影響

●由来
もともとは 1969 年に米国テキサス・インスツルメンツ社が生み出した方法でしたが、ジミー・カーターがジョージア州知事時代に州予算の策定に採用し、さらに大統領になったときに連邦政府の予算設定にも導入し、広く普及しました。

スクラップアンドビルド

　事業の新設、拡大の際には必ず既存事業の改廃を行ない、財政の肥大化をトータルで防ごうという方式です。

●常にリセットするサンセット方式のしくみ

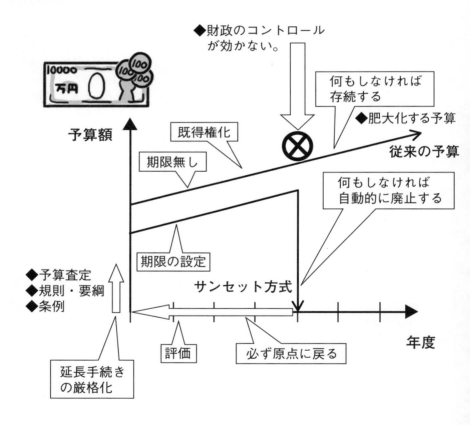

◆財政のコントロール
が効かない。

何もしなければ
存続する

◆肥大化する予算

予算額

既得権化

期限無し

従来の予算

何もしなければ
自動的に廃止する

期限の設定

サンセット方式

◆予算査定
◆規則・要綱
◆条例

年度

評価

必ず原点に戻る

延長手続き
の厳格化

予算の肥大化を防ぐため事業等にあらかじめ期限を設け、必ず沈む太陽のように、その期限を過ぎたら自動的に廃止とする方式。補助金の見直しなどの手法として用いられ、既得権を強制的に排除します。

メリット
◆必要のない事業を無駄に継続させない。
◆事業に対する評価が重視される。
◆期限内に成果を出そうという圧力になる。
◆議会や住民の監視の目が行き届く。

デメリット
◆評価にかかるコストが大きい。
◆延長手続きのハードルを低くすると意味がない。

●由来

サンセット方式は行政組織のサンセットアメリカの市民政治団体であるコモン・コーズによって考案され、1976年にコロラド州で初めてサンセット法が施行されました。

予算を伴う事業だけでなく、行政組織についても再設定の手続きがとられない限り特定の日をもって自動的に廃止されるべきという考え方でした。

10-4 シーリング方式

●シーリング方式のメリットとデメリット

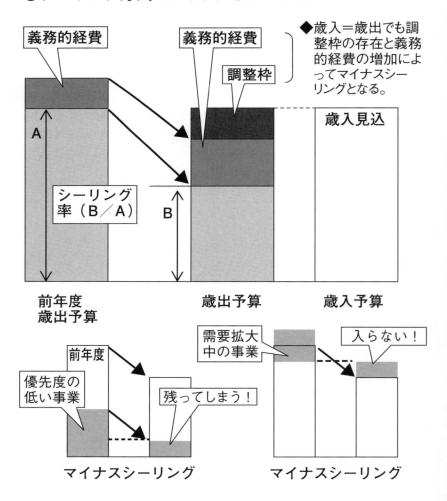

◆歳入＝歳出でも調整枠の存在と義務的経費の増加によってマイナスシーリングとなる。

あらかじめ予算要求の上限を前年度同額（ゼロシーリング）とか、10％減（マイナスシーリング）と定めておく方式です。歳出と歳入のバランスをとる合理的な方法であり、現在でも多くの自治体が採用していますが、数字合わせに終始し、予算の硬直化を招くなどのデメリットがあります。

各部の予算

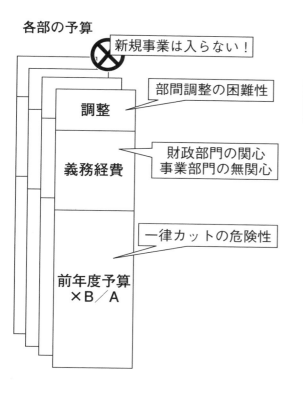

●プラスシーリング

もともとシーリング方式は1960年ごろ、好調な税収に乗じ安易な予算要求と歳出の膨張を防ぐために設けられたものです。1980年代に入り税収の伸びが鈍化すると一転、今ではマイナスシーリングが当然のように行われています。

予算の枠配分

●事業部門に配分する経費のパターン

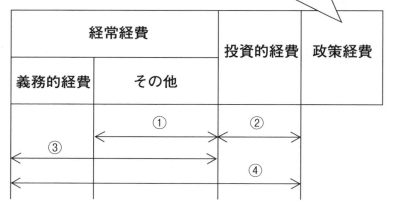

首長の政策実現、事業部間の調整のための保留財源

①義務的経費を除く経常経費を配分
②投資的経費を配分
③経常経費を全て配分
④政策経費を除く総経費を配分 〕義務的経費に事業部門がメス

枠配分の課題
◆自治体としての予算の一体性をどう持たせるか
◆新規施策をどう盛り込むのか
◆各事業部門の長の力量の差をどうカバーするか
◆事業部門間の調整をどうやって行うのか

財政部門に集中していた予算編成（査定）権限の一部又は全部を事業部門に委譲する試みです。事業部門に一定額の予算枠を与え、事業部門は自らの執行する予算を自らの手で編成します。事前の査定より事後の評価を重視することから、事業部門の力量が問われる手法です。

●事業部門の力量が問われるしくみ

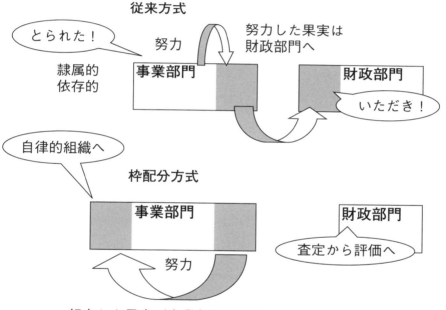

従来方式

とられた！

努力

努力した果実は財政部門へ

隷属的
依存的

事業部門

財政部門

いただき！

自律的組織へ

枠配分方式

事業部門

財政部門

努力

査定から評価へ

努力した果実が事業部門に帰る
（インセンティブが働く）

枠配分のメリット
◆事業部門のスクラップアンドビルドにインセンティブが働く。
◆事業部門による効果的、効率的な予算配分が可能
◆事業部門が自立し、コスト意識が芽生える。

●インセンティブ
売上げ目標を達成した際に従業員に支給する報奨金のような誘因。スクラップアンドビルドによって残した財源の全部又は一部を、当該事業部門が翌年度以降の予算に計上し使えるシステム。事業部門の意欲を増進するほか、「使い切り予算」の悪習を断つというねらいがあります。

10-6 メリットシステム

●従来の考え方　　　　◆事業執行の過程で創意工夫し経費節減して
　　　　　　　　　　　　も、次の予算で削減されるくらいなら、い
　　　　　　　　　　　　っそ使い切って削られないようにしよう。
　　　　　　　　　　◆そうすれば来年度の予算に余裕ができる。

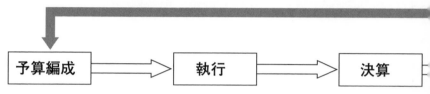

●メリットシステム　　◆どれだけ予算を使ったかではなく、どれ
　　　　　　　　　　　　だけ成果を挙げたかが評価されるべきだ。

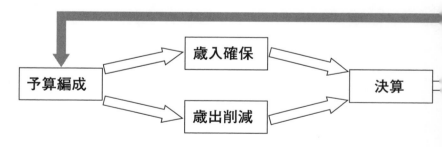

事業部門による経費節減や歳入確保行動を奨励するため、結果として得られた財源の一部を事業部門に還元するというもの。予算単年度主義の弊害とされている、予算の使い切り防止にも寄与するものです。インセンティブ方式ともいいます。

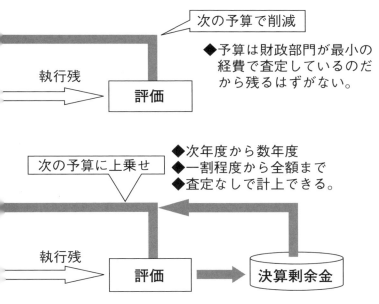

次の予算で削減

◆予算は財政部門が最小の経費で査定しているのだから残るはずがない。

執行残

評価

次の予算に上乗せ

◆次年度から数年度
◆一割程度から全額まで
◆査定なしで計上できる。

執行残

評価 → 決算剰余金

◆評価の有無
◆貢献度評価（基準）の有無
◆査定方式、申告方式
◆限度額の有無
◆対象限度数の有無

●予算の枠配分との違い
予算の枠配分（第10章の5参照）は、財政部門の持つ予算の査定を事業部門が担う一種の庁内分権であるのに対し、メリットシステムは予算の査定は従来どおり財政部門が行う中央集権のまま、事業部門の執行時のパフォーマンスを上げようとするものです。

10-7 マトリックス予算

●マトリックス予算表 (タテ:施策の体系　ヨコ:事業部)

施策の体系	A部	B部	C部	D部	E部
障害者が安心して暮せる社会をつくる		XX,XXX	XX,XXX	XX,XXX	
環境負荷の少ない持続可能社会をつくる	XX,XXX				XX,XXX
循環型社会をつくる	XX,XXX	XX,XXX			XX,XXX
区民生活の安全を守る	XX,XXX	XX,XXX			XX,XXX
確かな学力と学ぶ喜びを育む	XX,XXX				
合　　計	XX,XXX	XX,XXX	XX,XXX	XX,XXX	XX,XXX

●従来の予算

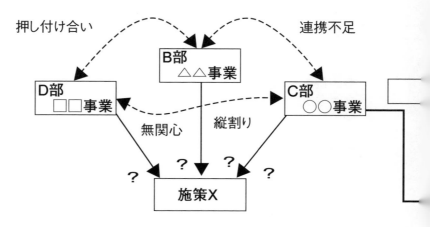

202

行政評価はおおよそ政策、施策、事務事業の三段階で行なわれますが、同一の施策（群）に複数の事務事業が含まれ、しかも複数の事業部門によって実施されていることがあります。この施策（群）と事業部門をタテとヨコのマトリックスで捉え、これを予算編成に活かし、事業部門間を横断した施策別予算をめざすのがマトリックス予算です。

単位：千円

	F部	G部	特別会計	市予算額
				XX,XXX
	XX,XXX	XX,XXX		XX,XXX
			XX	XX,XXX
	XX,XXX	XX,XXX		XX,XXX
		XX,XXX		XX,XXX
			市予算総合計	
	XX,XXX	XX,XXX	XX	X,XXX,XXX

●事業部門間の調整
マトリックス予算を活かすには、縦割り行政といわれるセクショナリズムの解消を図らなければなりません。
そのためには施策（群）ごとに主となる担当部を決め、ここに情報を一元化し、責任を持たせる必要があります。

●マトリックス予算

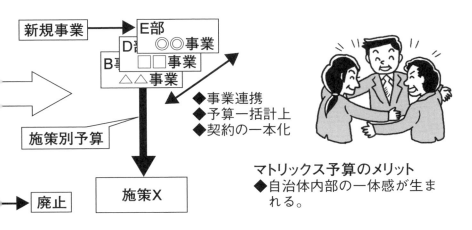

新規事業 → E部
D部　○○事業
B事業　□□事業
△△事業

◆事業連携
◆予算一括計上
◆契約の一本化

施策別予算

廃止　施策X

マトリックス予算のメリット
◆自治体内部の一体感が生まれる。

10-8 市民参加型予算

●市民参加型予算の類型

(1) 地域予算制度 ◆行政区、町会・自治会、公民館単位など

目標を付与するのは補助金であり市民参加型予算とはいえません。

地域の中のマネジメントに期待

(3) 市民委員会制度

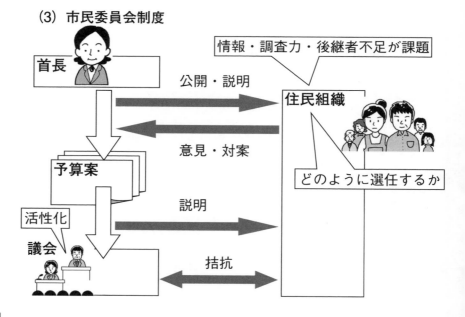

情報・調査力・後継者不足が課題

どのように選任するか

行政評価が予算執行の結果の評価（事後のチェック）であるのに対し、予算編成の段階から住民の声を積極的に取り入れようという試みが市民参加型予算です。予算編成過程の公開も住民の意見を予算に反映する仕組みがあれば市民参加型予算といえます。なお、一般住民の意見の反映のできない地域団体への補助金、交付金の類は市民参加型予算とは異種のものです。

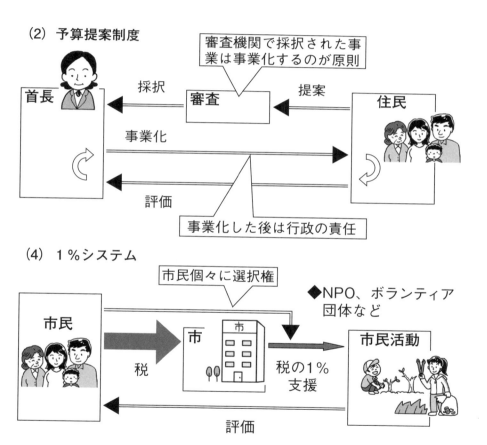

(2) 予算提案制度

審査機関で採択された事業は事業化するのが原則

首長 ← 採択 ← 審査 ← 提案 ← 住民

事業化 →
評価 ←

事業化した後は行政の責任

(4) 1％システム

市民個々に選択権

◆NPO、ボランティア団体など

市民 → 税 → 市 → 税の1％支援 → 市民活動

評価 ←

業績予算

●行政評価と連動するしくみ

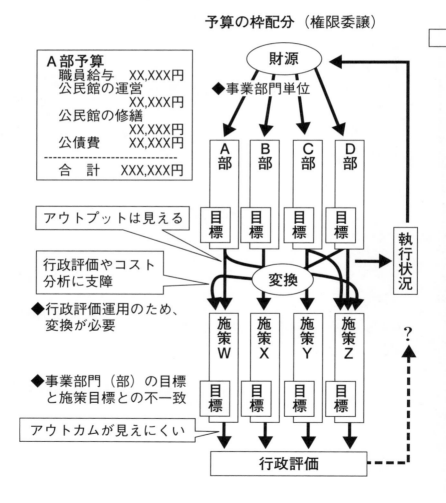

予算の枠配分 （権限委譲）

A部予算
職員給与　XX,XXX円
公民館の運営
　　　　　XX,XXX円
公民館の修繕
　　　　　XX,XXX円
公債費　XX,XXX円

合　計　XXX,XXX円

財源

◆事業部門単位

A部　B部　C部　D部

目標　目標　目標　目標

アウトプットは見える

行政評価やコスト
分析に支障

◆行政評価運用のため、
　変換が必要

変換

執行状況

施策W　施策X　施策Y　施策Z

目標　目標　目標　目標

◆事業部門（部）の目標
　と施策目標との不一致

?

アウトカムが見えにくい

行政評価

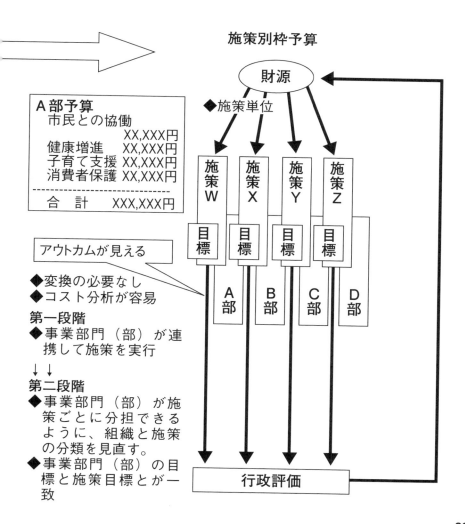

施策別枠予算

A部予算
　市民との協働
　　　　　　　　XX,XXX円
　健康増進　　XX,XXX円
　子育て支援　XX,XXX円
　消費者保護　XX,XXX円

　合　計　　XXX,XXX円

アウトカムが見える

◆変換の必要なし
◆コスト分析が容易

第一段階
◆事業部門（部）が連携して施策を実行

↓↓

第二段階
◆事業部門（部）が施策ごとに分担できるように、組織と施策の分類を見直す。
◆事業部門（部）の目標と施策目標とが一致

10-10 複数年度予算

●実質的な複数年度予算の例

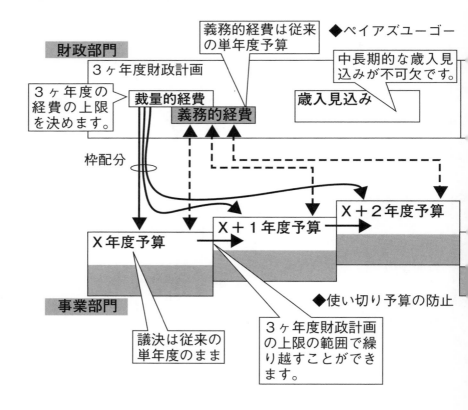

財政部門

義務的経費は従来の単年度予算

◆ペイアズユーゴー

３ヶ年度財政計画

中長期的な歳入見込みが不可欠です。

３ヶ年度の経費の上限を決めます。

裁量的経費

義務的経費

歳入見込み

枠配分

X＋２年度予算

X＋１年度予算

X年度予算

◆使い切り予算の防止

事業部門

議決は従来の単年度のまま

３ヶ年度財政計画の上限の範囲で繰り越すことができます。

日本では予算単年度主義（第4章の6参照）をとる立場から直ちに複数年度予算を実施することは困難です。しかし、中長期的な視野に立った、規律ある財政運営のため、執行する予算は従来どおり年度単位ですが、これを複数年度の範囲でコントロールする「実質的な複数年度予算」の導入は可能です。

●予算のマネジメントサイクル

◆3ヶ年度の財源を枠配分する見返りに成果目標の設定と年次報告を求めます。

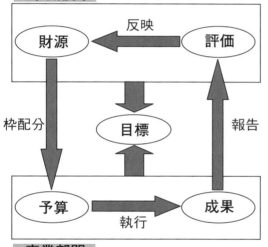

◆行政評価の結果を次期財政計画に反映します。

◆単年度で成果を挙げ難い事業も複数年の中で構築できます。
◆「使い切り」の必要がなくなり効率的な予算執行ができます。
◆4月からのタイムスケジュールによらない予算執行が可能となります。

●ペイアズユーゴー
（Pay-as-You-go）
義務的経費の増加を伴う施策や減税を行う場合、その歳出増や歳入減に見合った義務的経費の削減や増税を行わなければならないとする制度です。十分な削減や増税を行わない場合、最終的に義務的経費の一律削減を実施して収支のバランスをとります。

包括予算制度

　2003年4月5日、足立区を経済財政諮問会議の竹中平蔵経済政策・金融担当大臣（当時）、本間正明大阪大学教授の二人が訪れました。その目的は足立区が導入した「包括予算制度」の視察であり、同会議が推進する「予算制度の改革」の参考とするためです。

　「包括予算制度」は、足立区が2002年に策定した構造改革戦略のうち「財政の構造改革」の一環として導入したもので、予算の査定や執行などの権限を庁内10（当時）の「部」の長に大幅に委譲し、「部」を部長を中心とした自律的組織へと転換させ、「部」の創意工夫による区民サービスの更なる向上をめざしたものです。

　「足立区にできて、どうして政府にできないのか？」

　竹中大臣と本間教授のこの質問に対し、私は、こう答えました。

　「歳入と歳出が乖離したとき、政府には赤字国債の発行という最終手段があります。しかし、自治体は赤字債を出すことも、税を増やすこともできません。一方、自治体の歳出は住民サービスに直結し、法律の規定により裁量の余地のないものも多く、むやみに削減することはできません。この切羽詰った危機感が現場に知恵を求める「包括予算制度」につながったのです。足立区と政府に違いがあるとすれば、この危機感とリーダーシップの差でしょう」

　財政を司る部門と現場が危機感を共有するための仕組み、それが「包括予算制度」です。今ならそう応じていたに違いありません。

　竹中大臣の足立区役所訪問はメディアにも大きく取り上げられましたが、その翌月、塩川正十郎財務大臣（当時）が足立区内の小学校を訪れ、民間委託した給食調理の現場を視察したことはあまり伝わっていません。予算制度の改革をめぐる経済財政諮問会議と財務省との軋轢を知るエピソードです。

11章

日本初の足立区の包括予算制度

11-1 包括予算制度とは

●包括予算制度の全体像

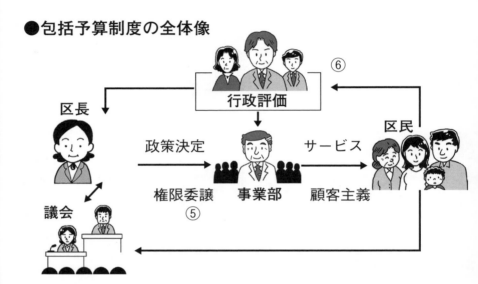

●財源の配分方法

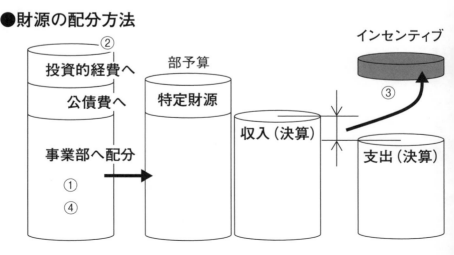

足立区が 2002 年度より実施した予算編成制度です。予算の枠配分（第 10 章の 5 参照）に類するこの制度は当初、次の 3 つがねらいでした。
1. 首長の政策意図を明確化する。
2. 現場主義、顧客主義を徹底する。
3. 権限と責任の分担により公務員風土を改革する。

●左図の①〜⑥が意図する包括予算制度の特徴

① **財源の大部分（投資的経費を除く全体予算の80％以上）を配分** (注1)
⇒小手先の権限委譲では意識改革につながらず、かえって非効率です。

② **歳出予算の上限枠を決めたのではなく、財源を配分**
⇒事業部門は常に歳入を意識して仕事をするようになります。

③**インセンティブは収支の結果の全額** (注2)
⇒コスト意識が徹底し、事業部門の知恵でスクラップアンドビルドが進みます。

④ **人件費を枠外とせず、標準給与額を設定し配分した財源の中で賄う**
⇒事業部門の知恵で民間活力の導入が進みます。

⑤ **権限委譲は予算編成のほか、事業部門内の組織編成、契約権限の一部、予算の流用、執行委任にまで及ぶ**
⇒事業部門限りで事業がスピーディに行えます。

⑥ **「行政評価」がフィードバック回路**
⇒顧客である住民の評価、満足度が区政を動かします。(注3)

注1）現在は義務的経費の一部を枠外にしたため60％程度
注2）現在は申告、査定方式を取り入れ半額が上限
注3）行政評価が予算査定のツールになるという事業部門の不安を払拭し、行政評価制度が活かせるようになりました。

包括予算制度における財源配分

●部門ごとへの客観的な財源配分

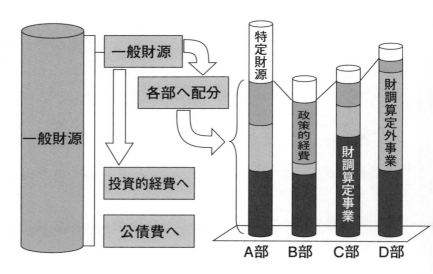

所属	公債費充当額		114億円		
A部 B部 C部 D部 ・・・	所属	投資的経費充当額		78億円	
	A部 B部 C部 D部 ・・・	所属	経常経費充当額 X＋⑤	包括予算額 X＝①+②+③+④	
		A部 B部 C部 D部 ・・・			
			1,338億円	895億円	

ポイント　　包括予算制度設計時、財源配分に客観性を持たせるため、都区財政調整交付金（地方交付税に相当）の算定基準を基礎にしました。また、財源配分に柔軟性を持たせるため、客観的な財源配分に（区長の判断による）政策的経費を上乗せします。

●財源の配分方法

1　すべての事業を投資的経費と経常的経費に分類します。

2　「部」が責任を持つのはこのうち経常的経費です。

3　区に入るすべての財源から、投資的経費と公債費に充当する財源を除いたものが「部」に配分されます(注1)。

4　「部」への配分は、すべて一般財源ベースで行い、地方交付税に比べ制度的に補足率の高い都区財政調整交付金の算定基準を基礎とし、これに財政調整交付金対象外事業、区長査定による政策的経費を積み上げます。

5　「部」では、こうして配分された一般財源と、「部」に入る特定財源との合算額を「部」の歳入総額とし、この範囲で歳出予算の積み上げを行います。「部」の努力が「部」の歳入に直結するため、債権の徴収、各種補助金、資産の活用などが一層進みます(注2)。

（注１）　現在は一部の義務的経費（枠外経費）に充当する財源が除かれています。
（注２）　制度発足2年目から、前年度の不用額を財源（インセンティブ）として加算することができます。

事業費①	政策的経費②	インセンティブ③	人件費④	枠外経費⑤
	20億円	2 億円	385億円	443億円

11-3 包括予算制度の成果事例（1）

●従来の粗大ごみ収集の現状

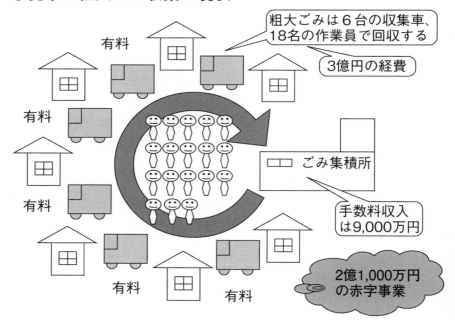

粗大ごみは6台の収集車、18名の作業員で回収する

3億円の経費

ごみ集積所

手数料収入は9,000万円

2億1,000万円の赤字事業

有料

9,000万円（収入）－3億円（経費）＝▲2億1,000万円

◆粗大ごみ1個当たりの回収コスト778円

かつて足立区は粗大ごみの回収に3億円をかけていましたが、これは手数料収入9,000万円の大赤字事業でした。2003年「粗大ごみを自分で持ち込むと無料になる制度」の導入によって、区民の4割がこの制度を利用するようになり、手数料収入は5,400万円に減少する一方、回収経費は2億円に圧縮され、これによって得た3,400万円（インセンティブ）を使って、足立区は23区で初めて日曜日の有料収集を実施しました。

●無料直接持込制度導入後

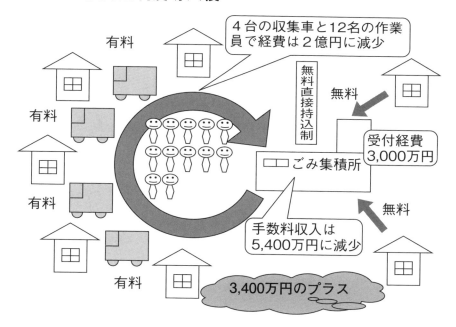

> 5,400万円（収入）－2億円（経費）
> 　　　　－3,000万円（受付経費）＝▲1億7,600万円

◆従来の「ごみは行政が税金をかけて集める」から「持ってきていただく」という発想への転換、区民に動いていただくため「手数料を無料にする」という大胆な手段は、自己の責任で事業を動かすことのできる包括予算制度の賜物です。

◆粗大ごみ1個当たりの回収コスト685円

包括予算制度の成果事例（2）

●2006年度からのしくみ

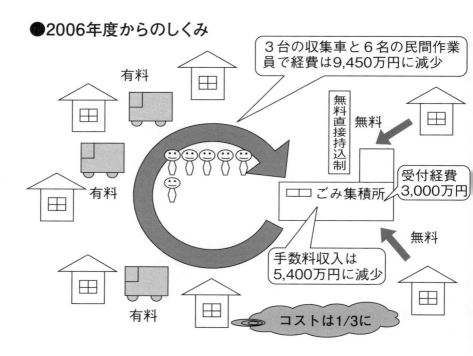

3台の収集車と6名の民間作業員で経費は9,450万円に減少

有料

無料直接持込制

無料

受付経費3,000万円

有料

ごみ集積所

無料

手数料収入は5,400万円に減少

有料

コストは1/3に

5,400万円（収入）－9,450万円（経費）
－3,000万円（受付経費）＝▲7,050万円

◆粗大ごみ1個当たりの回収コスト261円

◆2009年「粗大ごみ再活用プロジェクト」開始。これは、持ち込まれた粗大ごみのうち、再活用可能なものをリサイクル事業者が区民の承諾を得た上で1個100円で引き取る制度です。区は事業費ゼロで年間170トンのごみと300万円の経費を削減しています。

2006年度、足立区は粗大ごみ回収の民間委託を開始。同時に作業員数、作業車両の改善を行い、係る経費を当初経費の三分の一にまで圧縮しました。これによって得た1億円余（インセンティブ）を使って、2005年、足立区はペットボトルの分別回収を23区で初めて実施しました。

アウトソーシング（外部化）する上で考慮しなければならないこと

① アウトソーシングの総量（効果）は定数削減数で決まる
　　苦労してアウトソーシングしても、相当する職員の数が減らなければトータル費用は逆に増えてしまいます。

② コストや受益者負担などの情報公開を徹底する
　　コストの把握は事務改善の第一歩ですが、その初手となるのが「コストの公開」です。これには時間も費用もかかりません。

③ 市場原理の中でアウトソーサー（受託者）を育てる
　　持続的、安定的にサービスを提供できる事業者なくしてアウトソーシングはあり得ません。事業によってはコストに育成費用の上乗せが必要です。

④ 「協働」がすそ野を広げる
　　事業の一部を住民や事業者が負担すれば、アウトソーシングのすそ野は広がります。そのためには一定のインセンティブ（協働のためのコスト）が必要です。

⑤ 住民と納税者を味方につける
　　受益者ばかりでなく、受益者でない納税者の目線を忘れてはいけません。

⑥ 議会の理解はアウトソーシングを加速させる
　　地元企業優先という議会（ときには首長）の意向には、分離分割発注や、事業形態への配慮などで応えるべきで、コストを犠牲にしてはいけません。

⑦鍵を握る労働組合
　　アウトソーシングの未来図を提示し、公務労働者としての自覚に訴えます。

包括予算制度の次のステップ

●予算のマネジメントサイクルへつなげるしくみ

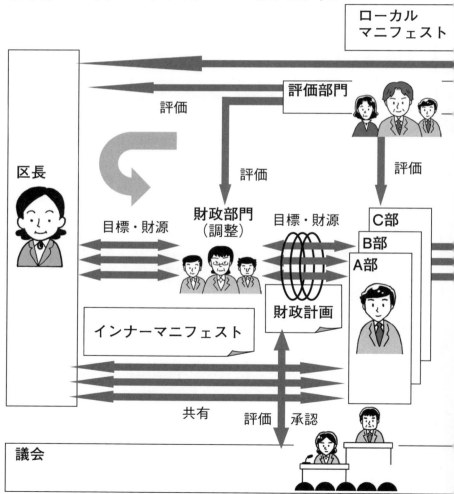

包括予算制度を単なる「予算の枠配分」に止めてはいけません。包括予算制度を次のステップに進めるには評価部門と財政部門（同一でもかまわない）を強化し、分権化され自律した事業部門と協調しながら、評価を次の目標につなぎ、目標達成に必要な財源の配分に反映させる必要があります。
　この繰り返しが「予算のマネジメントサイクル」（第2章の4参照）です。

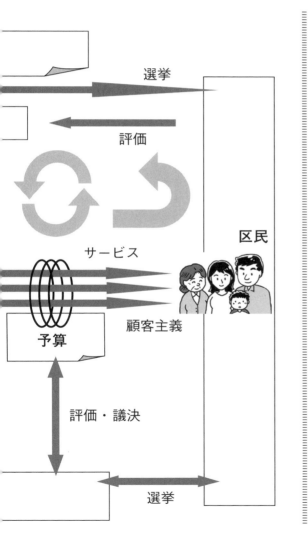

●インナーマニフェスト
ローカルマニフェスト（**第2章の1参照**）は首長と選挙民との間の政権公約です。インナーマニフェストは、このローカルマニフェストを確実に実現するため、各部長と目標を共有化するための「政策合意」です。各部長は責任をもって、それぞれの職務における目標に全力を挙げて取り組むことになります。

●二つのマネジメントサイクル
（小さなサイクル）
①事業部門は目的と財源が明らかな予算をつくり、顧客本意のサービスを実施し、これを区民や評価部門が評価し、その結果を次の事業活動の計画である予算に反映させます。

（大きなサイクル）
②区長（マニフェスト）、中長期にわたる財政計画や複数年度契約など、中長期的なマネジメントサイクルです。

ホウレンソウのおひたし

　ホウレンソウは、「報告・連絡・相談」の頭文字をとった、上司が部下に求める基本的なスキルです。その目的は、組織内での情報を共有化し、連携を強化するためです。情報共有と意思疎通ができていれば、問題が起こった場合も、迅速に対応することができます。課題が共有されれば、業務の改善点が見えてきます。業務を改善し、業務の効率化を図ることができれば、組織内の士気も高まるのです。

　一方、「おひたし」は、報告を受けた上司、連絡をもらった関係者、相談された上司などに必要なスキルです。

◆怒らない　　怒るのは、相手に感情をぶつけることです。暴力や暴言で人は動きません。誰でも怒られるのは嫌ですから、正直に話をしなくなります。これでは、ホウレンソウどころではありません。怒るのではなく叱りましょう。

　叱るのは、相手をより良い方向に導くために注意やアドバイスを送ることです。同じ間違いを繰り返さないため、相手のためを思って、論理的に叱るのです。人は理解して、納得して初めて動きます。

◆否定しない　　部下の意見に聞く耳を持たず最初から否定すると、部下も聞く耳を放棄します。これでは、ホウレンソウは成立しません。まずは相手の意見を受け入れてから自分の意見を伝えましょう。

◆助ける　　せっかく相談に来た部下に、「そんなことくらい自分で考えろ！」と突き放してはいけません。何が足りなくて、何が必要なのかを明確にさせて、少しだけ手助けしましょう。過剰に助けることは部下の成長を妨げることになるので、注意が必要です。困ったときこそ、成長するチャンスだからです。

◆指示する　　部下は上司からの的確な指示を欲しがるものです。指示があれば考える必要がなく楽ですし、結果に責任を感じることもありません。しかし、それでは成長はありません。上司であるあなたが指示しなければならないことは、しっかり伝え、部下に任せるところは任せるのです。部下は、あなたの想像以上に働くものです。自分で考えて仕事し、結果に責任を感じることは、実は楽しいことだからです。このことに早く気付かせてあげてください。

　報告がない、連絡もない、相談もないと嘆く前に、部下に声をかける。部下がホウレンソウしやすいように、いつもの「しかめっ面」をやめましょう。

【著者紹介】

定野　司（さだの・つかさ）

　文教大学客員教授。埼玉大学理工学部卒。足立区役所へ。財政課長時代の 2002 年に導入した「包括予算制度」が経済財政諮問会議の視察を受け注目を浴びる。以来、一貫して予算制度改革やコスト分析による行政改革を実践。環境部長時代の 2008 年から自治体の事業仕分けに参加。総務部長時代の 2012 年、多くの自治体と共同して新しい外部化の手法を検討する「日本公共サービス研究会」の設立、運営に携わるなど、自治体間の垣根を越えて持続可能な自治体運営に取り組む。2015 年から 2 期 6 年、足立区教育長を務め退任。ヒトが育ち協働して創る未来をめざす「定野未来協創研究所」主宰。一般社団法人「新しい自治体財政を考える研究会」代表。生まれも育ちも、住まいも職場も、墓も足立区内にあるという完璧な井の中の蛙だが、現在は全国各地で講義、講演、コンサルティング活動等を行いながら井戸を枯らさぬ方策を持ち帰る。

　その方策をまとめた近著に『みるみる仕事が片づく！公務員の時間術』（学陽書房、2013 年）、『一番やさしい自治体予算の本』（同 2013 年）、『自治体の財政担当になったら読む本』（同 2015 年）、『マンガでわかる！自治体予算のリアル』（同 2019 年、共著）、『合意を生み出す！公務員の調整術』（同 2020 年）『50 のポイントでわかる　異動 1 年目の自治体予算の実務』（同 2024 年、共著）などがある。

図解 よくわかる**自治体予算**のしくみ　〈改訂版〉

初版発行	2010 年 9 月 24 日
改訂版発行	2022 年 3 月 25 日
3 刷発行	2024 年 3 月 14 日

著　者─────────────────定野　司
発行者─────────────────佐久間重嘉
発行所─────────────────学陽書房

〒 102-0072　東京都千代田区飯田橋 1-9-3
営業● TEL 03-3261-1111　FAX 03-5211-3300
編集● TEL 03-3261-1112　FAX 03-5211-3301
http://www.gakuyo.co.jp

DTP 制作───────────────フェニックス
装　丁──────────────── 佐藤　博
印刷所─────────────── 加藤文明社
製本所─────────────── 東京美術紙工

★乱丁・落丁本は、送料小社負担にてお取り替えいたします。
ⓒ Tsukasa SADANO 2022, Printed in Japan　ISBN978-4-313-16581-6 C2033